MÁS FUERTE, MÁS FELIZ

MÁS FUERTE, MÁS FELIZ

**Trabaja con tu Resiliencia
para volar libre**

MIREYA BASTIDA

Más fuerte, más feliz: trabaja con tu resiliencia para volar libre
Primera edición: febrero de 2021

D. R. © Mireya Bastida

Arte y diseño editorial de interiores y cubierta: Mariana Alfaro Aguilar
Instagram: @marianini0608
Linkedin: Mariana Alfaro

· ● ◉ ● ·

A mi creador.

*En memoria de mi esposo Armando Zarate Chávez,
con quien compartí 32 años de mi vida.*

*A mis hijos: Génesis, Armando y Edith. A mis nietos: Kailey,
Jaden y Channel, todos ellos son mis maestros y el motor que me
impulsa a seguir adelante: ¡Los amo con todo mi corazón!*

*A todos mis maestros, fueron muchos los que llegaron a mi vida
en el momento preciso y cuando más los necesite: toda mi vida
agradeceré las lecciones que me dieron; todos ellos llevan un lugar
especial en mi corazón, este libro es para ustedes:
¡Gracias por su cariño!*

· ● ◉ ● ·

ÍNDICE

Prólogo

Cuando el hombre contempló el vuelo delicado y sereno de las aves, quiso volar, descubrir otros paisajes y amaneceres, sentirse libre: muchos años después inventó el avión; cuando quiso ir al fondo del mar a encontrar preciosos tesoros, a descubrir los colores encendidos de los peces, inventó el submarino. Así surgió este libro, por la gran necesidad de inventar un mundo luminoso, con respuestas a las diversas inquietudes e interrogantes que me impedían avanzar no sólo como madre, compañera o hermana, sino como persona. Un libro que expresara cómo enfrentar las adversidades y compartiera contigo cómo superé numerosas crisis cuando, por ejemplo, mi hijo empezó la escuela y fue rechazado, o cuando mi compañero y amor de mi vida murió de manera repentina.

Este libro, entonces, nació en gran medida, de la tristeza, la desesperación y la angustia de afrontar momentos críticos pero, sobre todo, de las ganas de salir adelante; nació del aprendizaje que me dejaron aquellas tardes de risas y llanto, aquellos instantes llenos de amor (porque sí, el amor está presente incluso en los momentos más oscuros) y, sobre todo, nació de múltiples dudas, porque nadie nace sabiendo y para eso estamos aquí, para aprender y alcanzar la plenitud a través de nuestras experiencias y reflexiones.

En estas páginas te comparto un poco del camino que he recorrido, una búsqueda que me llevó hacia una transformación verdadera. A través de este camino empecé a escuchar a los que me rodean, a aprender de ellos. Por ejemplo, mi hijo, un niño que desde su nacimiento fue una luz en mi camino; diagnosticado con déficit de atención, tuvo una infancia muy difícil, y a pesar de eso, ha sido mi mayor maestro, de él aprendí que la vida está llena de bendiciones, pero hay que ir por ellas, buscar las herramientas para enfrentarnos a situaciones que no conocemos y luchar por alcanzar nuestros objetivos. O mi esposo, quien me enseñó que el amor es la fuerza motora más grande del universo, y que todo lo que das, recibes.

También aprendí de personas a las que me gusta llamar OASIS, aquellas que nos dan paz y tranquilidad, y que parecen venir en el momento preciso, personas transparentes y bondadosas que, sin proponérselo, nos dicen la palabra exacta, dan el ejemplo adecuado y marcan nuestra vida.

Pero después de tanto pensar y aprender de los que me rodean, entendí también que lo importante es no dejar que la preocupación tome el control de nuestras vidas, si lo permitimos, no podremos ver un cambio verdadero pues estamos viviendo en el pasado y no disfrutamos los momentos presentes. Queremos cambiar a los demás en lugar de cambiar uno mismo y eso no funciona así. Ante las adversidades que se nos presentan tenemos dos opciones: ¿Morir sin oponer resistencia o resurgir más resilientes y transformados a través del dolor? Esto me recuerda al hermoso camino que recorre una mariposa al momento de su transformación, quien pasa por una metamorfosis para convertirse en un hermoso ser que emprende su vuelo libremente.

¿Has pensado alguna vez en esta magia? La mariposa primero fue un ser sin alas, pudo no lograrse, tuvo que encontrarse en un espacio cerrado, bloqueado, sin luz, expuesta a predadores o al mal tiempo. Sin embargo, un día... ¡sí!, un día empezaron a crecer alas de su cuerpo, se asomó de nuevo al mundo... ¡Y voló! Vivió su proceso, superó cualquier adversidad para hoy posarse en una flor. Si eso no lo veo como un milagro de la naturaleza, si no lo entiendo como una lección de vida, entonces me falta mucho por aprender.

En estas páginas encontrarás parte de mi proceso de aprendizaje, anécdotas, reflexiones y consejos que me ayudaron mucho en momentos difíciles, encontrarás el camino de mi resiliencia. La idea es que todo esto te motive a abandonar la negatividad en tu vida, a dejar atrás esa nubecita negra que a veces parece seguirnos a todos lados y nos impide ver todo lo hermoso que la vida tiene para ofrecernos.

Este libro puede ser un manual de autoayuda, un anecdotario o una terapia, lo que tú quieras. El propósito es que, al leer estas páginas, encuentres cosas que te ayuden a enfrentar los desafíos que necesitamos superar en ciertos momentos de angustia, dolor y soledad. Porque, al igual que tú, yo me he sentido sola, confundida y desesperada, y fue gracias a la reflexión y a las enseñanzas que aquí te comparto, que pude superar esas duras etapas de mi vida. Así que no te desanimes, no estás sol@, yo te acompañaré, te aseguro que junt@s podemos avanzar hacia el camino de la felicidad, el perdón y la resiliencia.

Capítulo 1

NUNCA DEJES
DE BRILLAR

Para empezar, déjame hacerte algunas preguntas: ¿Cuántas veces les ha molestado a otros tu luz? ¿Has dejado de brillar porque a otros les incomodaba? ¿Te ha molestado alguna vez el brillo de los demás? Si has contestado "sí" al menos a una de estas preguntas, déjame decirte algo: ¡Es normal! Todos tenemos momentos oscuros que opacan nuestro juicio, lo importante es identificarlos y detenerlos, no dejar que la oscuridad se apodere de nuestra vida.

Pero también debes saber que todos tenemos una luz propia, aunque a veces lo ignoramos; es una energía que nos define y nos acompaña a lo largo de nuestra vida, quizá a algunos les resulte admirable, otros la envidiarán y otros tantos agradecerán tu brillo. Lo cierto es que tú también eres luz y depende de ti cómo expresarla, a través de la generosidad, la presunción o la envidia.

Y ya que la mencionamos, la envidia es uno de los peores males del mundo, los envidiosos desean lo que tienen los demás y suelen pensar que la persona que posee lo que ellos quieren, ya sea un buen trabajo, una casa más grande, un carro nuevo o incluso una pareja, no lo merece, y cuando la persona a la que envidian pierde algo, se alegran por su fracaso en lugar de enfocarse en su propio éxito, el cual no logran por sentirse inferiores, incapaces de alcanzar lo que desean debido a una baja autoestima, y esto los hace sentirse infelices.

El envidioso no ama, se amarga, por eso, si alguien quiere apagar tu luz, no lo permitas, NUNCA dejes de BRILLAR.

Te voy a contar una pequeña fábula para que entendamos mejor lo que la envidia puede causar:

Una serpiente perseguía a una luciérnaga ferozmente, al verse sin escapatoria, la luciérnaga le dijo a la serpiente:

-¡¡¡Detente, serpiente!!!, ya estoy muy cansada y es inevitable que me vas a comer, pero antes de que eso pase, por favor, déjame hacerte tres preguntas.

-Nada de preguntas, quiero devorarte.

-Por favor, sólo tres preguntas, ¿o no estás segura de responderlas correctamente?

-No digas tonterías, claro que las respondería acertadamente, pero ahora te voy a comer.

-¡Espera, espera, por favor, sólo unas preguntas!

Harta de la insistencia de la luciérnaga la serpiente se detuvo y le contesto:

-No acostumbro que me hagan preguntas, pero ya que suplicas así, te concederé ese último deseo, ¿qué quieres saber?

-Primero quiero preguntarte: ¿Soy de tu cadena alimenticia?

-No- contestó la serpiente.

-¿Te he hecho algún mal?

-No- volvió a replicar la serpiente.

-La última pregunta es: ¿Por qué me quieres comer?

Irritada por el impacto de las preguntas de la luciér-
naga, la serpiente le grito furiosa:
-¡¡¡Porque no SOPORTO verte BRILLLAR!!!
Fue entonces que la luciérnaga aprovechó la furia de la
serpiente y antes de que se calmara voló y se alejó de ella.

¿Lo ves? También a nuestro alrededor hay muchas personas que nos quieren ver caer e intentan opacar nuestro brillo, personas que sin ninguna razón están enojadas porque disfrutamos nuestro trabajo, porque reímos de cosas sencillas o por el simple hecho de buscar la felicidad; por eso debemos rodearnos de situaciones, personas y energías que siempre aporten lo mejor para nosotros, que nos empujen en el camino de la alegría y nos alejen de la negatividad y la envidia.

Cuando diagnosticaron a mi hijo con ADHD y ODD (déficit de atención y trastorno negativista desafiante) mi mundo se vino abajo, me sentía profundamente triste y angustiada, pero también muy enojada, no paraba de pensar: ¿Por qué a mí?

Recuerdo la tarde en que me dieron esa noticia. Al escuchar el diagnóstico enmudecí y salí huyendo de mi casa. Caminaba mecánicamente, sin rumbo fijo. Sentía un dolor tremendo en el pecho, una punzada que parecía una condena y una burla. ¿Por qué a mi hijo? ¿Por qué tenemos que pasar por esto? ¿Por qué la vida es así con nosotros? Veía pasar gente a mi alrededor. Algunas personas reían, otras paseaban a sus perros, unos niños jugaban alegremente, también pasó una pareja de enamorados; todos ajenos a mis pensamientos, mientras yo me consumía por dentro en un mar de tristeza y preocupación.

El cielo estaba nublado, grandes nubes presagiaban una lluvia poderosa, las calles estaban grises y los colores de los árboles y las casas me parecían más sombríos, todo en mi entorno era pesado y amargo.

De repente, la gente corrió para resguardarse de la tormenta. Grandes lágrimas rodaron por mis mejillas confundiéndose con la lluvia que caía sobre mi cara. No me importó, seguí caminando por la avenida. Era como si el cielo me comprendiera y llorara conmigo. ¡Tenía rabia contra mí, me sentía incapaz de ayudar a mi hijo!

De nuevo, un mar de preguntas atacó mi mente: ¿Por qué no puedo ser buena madre? ¿Por qué no estoy capacitada para sacarlo adelante? ¿Por qué es diferente a los demás niños? ¿Qué son necesidades especiales? ¿Qué es déficit de atención? No entendía qué pasaba con mi hijo y sólo me recomendaron un medicamento llamado Ritalin. Yo estaba muy confundida. No sabía cómo ayudarlo para que se comportara bien en la escuela. Me llamaban casi todos los días con interminables quejas de mi hijo y mi vida se convirtió en un infierno debido al nivel de estrés al que me sometía cuando sonaba mi teléfono celular. Me angustiaba escuchar las interminables quejas de las maestras que, en vez de ayudar a mi hijo, parecía que lo único que deseaban era deshacerse de él, cada día me sentía más impotente.

Fue entonces que el veneno de la envidia se apoderó de mí, sentía que no merecía pasar por todo esto, deseaba que otras personas sintieran lo que yo estaba viviendo, que sufrieran la desesperación y la frustración de ver a su hijo sufrir y fueran incapaces de hacer algo para evitarlo (al menos eso era lo que creía en ese momento). Poco a poco dejé que la envidia y el enojo me fueran consumiendo, hasta que mi brillo casi se extinguió. De verdad fueron momentos muy difíciles.

Pero un día, una vocecita en mi cabeza, apenas perceptible, me dijo: "Ok, Mireya, ¡suficiente! ¿Vas a dejar que esto acabe contigo o vas a levantarte y hacer algo al respecto?"

Fue entonces que lo entendí: en ocasiones la vida te da limones, y cuando esto sucede, tienes dos alternativas: amargarte o hacer limonada. Después de mis quejas y envidias, decidí hacer limonada.

A partir de ese momento escogí orientar mis pensamientos y mi energía siempre hacia cosas positivas, me dispuse a recobrar mi brillo y no dejar que se apagara. Me propuse como meta ayudar a mi hijo a toda costa, necesitaba sacarlo de ese mundo lleno de gente negativa y que sólo buscaba deshacerse de él, debía recuperar mi brillo y alumbrar a mi hijo. El proceso no fue nada sencillo y con el tiempo lo logré, pero eso te lo contaré más adelante.

Mientras, te voy a poner algunos ejemplos de personajes famosos a los cuales quisieron apagar y, por fortuna, no pudieron.

Thomas Edison fue expulsado de la escuela a los tres meses de entrar por su supuesta "falta de interés", profesores y maestros mencionaban que era un niño bastante ordinario, por debajo de la media. Sin embargo, llegó a ser una de las mentes más brillantes que ojos humanos han visto, es considerado el inventor de la bombilla eléctrica y el fonógrafo.

***

Alexander Graham Bell dejó la escuela a los quince años pues obtenía bajas calificaciones por la falta de entusiasmo en las materias escolares. Años después, ingresó a la universidad y se convirtió en uno de los inventores más exitosos de todos los tiempos, por dar sólo un ejemplo, es creador del teléfono, invento que cambió las comunicaciones en el mundo.

¿Te imaginas qué hubiera pasado si Edison o Graham Bell hubieran dejado que los demás les dijeran que "no servían para nada" o que "no podían hacer bien las cosas"? ¡¿Verdad que es una locura?! Pues eso pasa con algunas personas quienes, en su juventud o incluso ya siendo adultos (hay quienes son perseguidos incluso hasta en la vejez), sufren del veneno de la envidia y pasan sus días pensando que no son capaces de triunfar.

Otro ejemplo es Albert Einstein: cuando tenía 15 años tuvo un profesor (Joseph Degenhart) quien le dijo "nunca conseguirás nada en la vida". Pero Einstein no creyó esas palabras, sabía que, aunque no era bueno en idiomas, sí lo era en ciencias naturales, y más tarde escribió:

"Debe evitarse hablar a los jóvenes del éxito como
si se tratase del principal objetivo en la vida.
La razón más importante para trabajar en la escuela y en la vida
es el placer de trabajar, el placer de su resultado
y el conocimiento del valor del resultado para la comunidad."

Y como éste, hay muchos ejemplos: Will Smith, el famosísimo actor, recuerda que desde chico siempre fue "el tipo simpático y divertido que tenía problemas para prestar atención". Hasta el día de hoy le cuesta mucho terminar los libros que lee (le pide a alguien que se los grabe para escucharlos), y es un éxito en Hollywood.

O Salma Hayek, quien cursó sus estudios en la Academia del Sagrado Corazón, en Luisiana. Pero a los 12 años fue expulsada por supuestos problemas de conducta, admitió que en su infancia era lenta para la escritura y la lectura. Al poco tiempo fue diagnosticada con dislexia y debió esforzarse mucho; aun así, estudió varios idiomas y hoy es una de las actrices mexicanas más reconocidas a nivel mundial.

Otro ejemplo es Danny Glover, actor, director y activista político, quien recuerda cómo fue crecer con TDAH: "Me hizo sentir como si estuviera en una condición indigna de aprender. Yo no podía ir más allá de sentirme disminuido. Sin embargo, una de las fortalezas fue descubrir mi capacidad para los números, me ayudó a centrarme en algo que yo podía hacer bien."

Y como éstos, hay mil casos más, así que no te desanimes, recuerda siempre sacar lo mejor de la situación y nunca apagar tu brillo interior.

Te propongo hacer una pequeña tarea: piensa en cinco momentos en los que te hayas sentido feliz u orgulloso, no importa cuáles, ya sea la vez que te comiste un helado de chocolate en el parque, hasta la ocasión en la que te graduaste de la universidad. ¿Listo? Ahora escríbelos en un papel y guárdalos en el lugar que prefieras. Cuando sientas que el veneno de la envidia quiere atacarte, saca esa lista y lee lo que anotaste. Verás que un sentimiento de felicidad empieza a invadir tu cuerpo y a desechar la envidia de tu vida. Vibra positivo y verás que todo mejorará.

"Tú nunca conseguirás alcanzar aquello que quieres…
Tú sólo lograrás alcanzar aquello que puedas visualizar
claramente."
Zig Ziglar

En una ocasión fui a Las Vegas, Nevada, en compañía de mi espo-so. Mientras esperábamos el autobús, de regreso al hotel donde nos hospedamos, vi venir a lo lejos una limusina negra y le dije a mi esposo en voz alta:

-¡¡¡Ahí viene mi *limo*!!!

Él sólo sonrió mientras veíamos a la limusina seguir su camino (como era de esperarse). Entonces le dije:

-¡Oh!, es que esa no era la que pedí, la mía es blanca.

Recuerdo que realmente lo creí, era como si mi mente hubiera activado un *switch*. Pasaron alrededor de 5 minutos cuando una limu-sina blanca se detuvo junto a mí, ante la mirada atónita de mi esposo que me dijo:

-Debe ser un error, no pedimos una limusina.

De repente, escuchamos una voz detrás de nosotros que nos dijo:

-Me gustó mucho la forma en que pediste tu *limo*. Eso se llama actitud y por eso te la mandé.

Era un hombre muy elegante y sonriente el que nos obsequió con ese increíble detalle, agradecimos apenados pero llenos de emoción y le dije que no podíamos permitirlo, que sólo era un deseo, un anhelo en voz alta. El hombre nos dijo que precisamente por eso debíamos aceptar, que yo había pedido con ilusión al universo y que el deseo fue concedido.

Así fue como, por primera vez, me subí a una limusina blanca. Te cuento esto porque es un claro ejemplo de que, sí lo puedes ver, sentir y visualizar ¡lo puedes hacer realidad! No importa si esa limusina blanca signifique obtener un mejor trabajo, terminar de pagar las mensuali-dades de tu carro, conseguir una nueva casa, incluso mejorar tu salud emocional, lo importante es que visualices tu objetivo, lo materialices y trabajes constantemente para lograrlo. La llave del éxito la tienes tú, ¡súbete a esa limusina blanca!

Capítulo 2

VIVE EL MIEDO, APRENDE DE ÉL

Siempre he pensado que la felicidad está en la mente y espera que activemos lo necesario para hacerla completa y externarla a quienes nos rodean. También creo que el miedo es un estado mental, que en lugar de hacerlo nuestro aliado y conocerlo, intentamos alejarlo, desconocerlo. Así, el miedo se vuelve una carga inmensa en nuestra cabeza que nos impide razonar y nos llena de oscuridad.

Quiero compartir contigo una parte de mi vida en la que el miedo superó todo lo que había sentido con anterioridad:

Domingo 24 de agosto de 2019.

—911, ¿cuál es su emergencia?

—¡Necesito ayuda! Mi esposo está inconsciente, ¡por favor manden una ambulancia!

Los minutos pasaron, fueron espantosos, como espadas invisibles encajándose en mis ojos, en mi boca, en mi cerebro. Los minutos pasaron lentos, muy lentos, y acrecentaron mi angustia, mi temor, no sé cuántos minutos transcurrieron entre mi llamada y el auxilio pero, como todos quienes han vivido una tragedia lo saben, esos momentos fueron eternos y dolorosos.

Las luces de la ambulancia y los bomberos invadieron la casa. El miedo se apoderó de mi cuerpo. Me quedé paralizada, no entendía lo que estaba pasando, hacía apenas una hora mi esposo estaba riendo y disfrutando en familia... ahora estaba rodeado por el personal de emergencia que intentaba una y otra vez reanimarlo. Los vecinos observaban detrás de sus cortinas, curiosos y ajenos a mi angustia.

Las luces de la ambulancia me marearon, entonces sentí que me desmayaba, mi hijo salió de su cuarto aun con la cobija sobrepuesta, sin camisa ni zapatos. Sentí su brazo en mi hombro y me senté en el banco que estaba a unos cuantos pasos de la ambulancia donde atendían a mi esposo.

Mi hijo se sentó junto a mí y me cubrió con la cobija mientras me abrazaba. Nuestra mirada se clavó en el suelo y así permanecimos inmóviles hasta que se acercó el paramédico que nos había retirado del lugar minutos antes. Hubo un silencio tristísimo que pareció eterno.

El miedo es una de las peores sensaciones que existen, no sólo porque anticipa un hecho doloroso, sino porque es muy invasivo, se apodera de tus más profundos temores y los utiliza en tu contra; pero tranquil@, a pesar de tanto dolor, a pesar de las tragedias más grandes, puedes entender y trabajar con tu miedo para dejarlo ir. Sí, ya sabemos que no es fácil, pero podemos hacer que el miedo sea pasajero, sólo recuerda, "la noche más oscura, anticipa el más hermoso amanecer".

Todos sentimos miedo, que no te engañen, ni el más valiente de los seres humanos es inmune a este sentimiento. Pero por eso estamos aquí, para aprender del miedo, entenderlo y sobrellevarlo.

Mientras estaba sentada en aquel banco inquisidor, acurrucada con mi hijo mientras veíamos la vida de mi esposo evaporarse, tuve muchísimo miedo, me preguntaba: ¿Qué voy a hacer? ¿Cómo puedo ayudarlo? ¿Qué va a pasar con mis hijos? ¿Le habré dicho lo mucho que lo amo? ¿Qué tal si no lo vuelvo a ver más?

Todas las dudas, temores e inseguridades pasaban por mi mente y alimentaban al monstruo que es el miedo. Sentía un hueco en el estómago cada vez más y más grande y que estaba llegando hasta mi garganta, en ese momento no sabía qué hacer, me sentía perdida.

Cuando me dijeron que mi esposo había fallecido no tuve más miedo, lo peor había pasado, el amor de mi vida dormía en la muerte y, de alguna forma, sentí paz, una paz dolorosa y extraña (si se puede decir de esa manera), pero paz; él ya no iba a sufrir, estaba en un lugar mejor. Estos breves instantes de calma me hicieron entender que el miedo es sólo un estado mental, es un viajero que nos visita de vez en cuando. Fue entonces que dejé de ver al miedo como un ser horrendo sacado de mis peores pesadillas, ahora lo veo como un viejo conocido que de pronto viene a recordarme lo frágil y lo fugaz que es el ser humano, pero ya no le temo. Creo que ese episodio me enseñó que debo enfrentar el miedo, que debo tener claro que habrá cosas en la vida que nos marcarán con dolor, algunas serán inevitables y otras sólo producto de nuestros pensamientos. El miedo ahora es una presencia que llega sin invitación y sólo debo pensar en cómo entenderlo, sí, entenderlo, no negarlo o evitarlo, para que no me lastime tanto.

La vida está llena de emociones, unas buenas, otras malas, hay que vivirlas todas con intensidad, con profunda emoción, pues si no, ¿qué es entonces VIVIR? Así como recibimos la sorpresa de una visita inesperada, la alegría de un viaje, la calidez de un abrazo a un ser querido, así debemos recibir el miedo, pues, al igual que las otras emociones, forma parte del camino que recorremos y nos forja como personas.

Te voy a platicar otra historia de mi vida que me dejó una huella imborrable.

Cuando di a luz a mi hijo, lo primero que escuché fue: "Lo siento, su hijo nació con la temperatura muy baja y tenemos que llevarlo a cuidados intensivos."

Mi corazón se aceleró, suplicaba que lo salvaran. Me aterraba perderlo ya que, dos años antes, había perdido a mi segundo bebe, y mi hija mayor nació casi muerta por mi ignorancia y falta de empatía por parte de quien no me auxilió cuando se reventó mi fuente, gente ignorante que en lugar de llamar a la ambulancia se burlaron de mí al verme muy asustada por la fuente rota, paralizada de miedo y sin saber qué hacer, gente que, así como llegó, se fue.

Cuando ese episodio horrible ocurrió, mi esposo estaba trabajando y tuve que esperar varias horas, sola y llena de miedo, hasta que salió del trabajo. En esa ocasión, y al no saber cómo tratar con el miedo, me paralicé, dejé que mis temores me invadieran y eso casi me cuesta la vida de mi hija.

Con mi tercer hijo también tuve complicaciones, pero, a diferencia de las veces anteriores, no dejé que el miedo me detuviera, entendí que, si bien no estaba en mis manos salvar la vida de mi hijo, debía actuar con firmeza y exigir a los médicos que le brindaran la mayor atención a mi pequeño.

Afortunadamente sólo fue un susto, mi hijo volvió a mis brazos unas horas más tarde y pude regresar a casa con él.

Pero, como ves, el miedo no es algo que podamos controlar de inmediato, es un sentimiento que nace con el ser humano y nos acompaña a lo largo del tiempo y, de cierta forma, está presente en algunos de los momentos más intensos de nuestras vidas; lo que sí está en nuestro poder es la manera en la que actuamos ante este sentimiento, es el poder que tenemos de transformar ese sentimiento en algo que nos beneficie o, al menos, algo de lo que podamos aprender.

El nacimiento de mi hijo fue uno de los días más felices de mi vida, pero también uno de los más angustiantes y aterradores, no podía imaginarme la vida sin ese pequeño que, a pesar de nunca haber visto, amaba con cada parte de mi alma. El miedo me impulsó a desear con más y más fuerza tenerlo entre mis manos ¡no podía perderlo! Fue el mismo miedo el que desató ese sentimiento de protección y anhelo de que mi hijo y yo estuviéramos juntos. Por eso no hay que evitar al miedo, sin él, no sabríamos cuáles son nuestras limitaciones y cómo superarlas.

Otra cosa que aprendí respecto al miedo es que él nos advierte del peligro, es un instinto que nace y activa una campanita en nuestra cabeza que nos dice que algo no va bien...

-¡Me ha hecho quedar en ridículo enfrente de todos sus compañeros, por no obedecer mis instrucciones!- dijo la maestra jalándose los cabellos.

-Recuerden que este es un proceso que toma tiempo y apenas hace unas cuantas semanas que se implementó el programa...- mencionó la señorita Peggy.

-Es que mi hijo no responde positivamente cuando siente que le faltan al respeto, pero es un buen niño... además, es muy generoso- mencioné.

-¿Dónde está? ¡Ese niño no es generoso ni educado conmigo! ¡No se disculpó! - interrumpió la maestra de cuarto año mientras señalaba decidida al pequeño que apenas si podía esconderse atrás de su madre.

-¿No acaba de mencionar que su nivel de lectura es de un niño de octavo grado? Sin embargo, en los exámenes sale muy bajo, ¿por qué nos miente? ¿Se está burlando de nosotros?- dijo el señor Adams.

-Créanme, en mi clase su puntaje en lectura es alto...- se escuchó decir a una maestra al fondo.

-En el otro examen también salió bajo, algo no anda bien- mencionó la psicóloga.

-Sería bueno hacerle otra evaluación- sugirió la ayudante del director.

-¿No acaban de hacerle una? ¿No es demasiada presión? ¿Y si le hacen una evaluación especial? El niño luce ya demasiado alterado y...- notó el orientador.

-¡Aquí a todos los niños se les trata igual! No vamos a consentir distinciones de ninguna clase. Además, el niño es un problema, ya van varias veces que ocasiona caos en el aula ¡Es inaceptable!- sentenció el director.

Este diálogo no es de una película de adolescentes o niños con problemas de educación o, peor aún, niños con pésima consideración y atención, niños poco o nada comprendidos. Esto lo viví con mi hijo muchas veces y hasta el día de hoy no comprendo por qué quienes eran los responsables de ayudar a mi niño tuvieran tan poca capacidad para orientarme y entenderlo, al contrario, el director y la mayoría de los maestros lo único que deseaban era sacarlo de la escuela, lo criticaban con fiereza y jamás entendieron que ¡sólo era un niño que necesitaba ayuda!

Mi hijo estaba terriblemente asustado, a su alrededor había una bola de adultos que opinaban sobre él y su desempeño escolar, lo juzgaban, lo miraban como a un bicho raro, incluso había algunas miradas de desprecio. Su mundo de pronto se volvió muy muy pequeño, se sintió indefenso, sin saber qué hacer, estaba atrapado en la oficina del director, mirando con miedo la sentencia iracunda de su maestra: "No sirves para la escuela", eso, para él, fue una de las cosas que más lo desmotivó en la vida. Nadie lo pudo convencer de regresar a la escuela. Había una maestra muy buena, Cheryl Hughes, quien anteriormente había tratado con varios casos similares a los de mi hijo, y quien pudo motivar al 97% de estudiantes para superar la fobia a la escuela, pero dentro del 3% restante estaba mi hijo, un niño producto de un caso de negligencia y nula empatía por parte de maestros y administrativos.

Busqué ayuda por todos lados, contacté a un doctor, le explique mi situación y me prometió que vendría a observar la clase de mi hijo, también le haría una evaluación y un plan de acción para que funcionara mejor en la escuela. ¡Eso me dio esperanza!

A la mañana siguiente, me presenté en la oficina del Distrito escolar para pedir ayuda:

-¡Necesito hablar con el señor Hermenegildo Pérez!

-No puede recibirla, está muy ocupado -contestó la secretaria sin siquiera voltear a verme-. Deje sus inquietudes por escrito y nosotros nos comunicaremos.

-Esta vez esperaré a que se desocupe. No me voy a ir sin verlo, no me muevo hasta que me escuche. Es un asunto muy importante. He estado anteriormente aquí y no he podido hablar con él, así que lo esperaré sentada- contesté con voz firme, aunque por dentro todos mis miedos e inseguridades regresaban a mí en forma de un huracán que se revolvía en mi estómago.

Esperé dos horas y no vi salir ni entrar a nadie a la oficina. En un momento en que el teléfono sonó, aproveché la distracción de la secretaría y entré en la oficina. Abrí la puerta y lo único que se me ocurrió decir fue:

-Disculpe, pero tenía que hablar con usted. Es urgente.

La secretaria corrió detrás de mí y dijo:

-Lo siento, no pude detenerla. Le dije que usted estaba ocupado, pero no me hizo caso.

-Está bien, la atenderé -contestó el director, un poco sorprendido por mi inesperada aparición en su oficina-. Por la manera en que entró a mi oficina debe de ser algo muy importante. Tome asiento.

-Así es señor, es un asunto muy importante, se trata de mi hijo, un pequeño de segundo año que estudia en la escuela Emerson -le contesté-. Entró al kínder hace dos años y todavía no escribe ni su nombre. Su maestra me pidió que le hicieran una evaluación médica para ver si tenía un problema de aprendizaje, así que lo llevé a mi médico y lo diagnosticaron con déficit de atención. Pedí ayuda a la consejera de la escuela, pero aún sigo en la lista de espera, no pudo pasar a segundo año y aún no tengo una respuesta. Además, tengo sospechas de que mi hijo sufre *bullying* por parte de sus compañeros ¡y de los maestros! Las autoridades escolares no han tomado cartas en el asunto y hasta se burlan de nosotros. Por eso estoy aquí, señor. Necesito de su ayuda.

-Ordenaré que se haga una investigación del caso-, hizo una pausa y enseguida realizó una llamada a la señora White, directora de la escuela primaria donde asistía mi hijo. Me dijo que alguien me llamaría con la fecha de la junta.

Afortunadamente, el doctor Pérez llegó en esos días, pudo observar la clase de mi hijo y también asistió a la junta. Logramos que mi hijo recibiera clases de educación especializada, o al menos así lo creí.

Comenzó su primer día en la clase especial en la que había 19 niños de primero a quinto grado. Había mucho desorden en el aula pues la maestra era una señora de avanzada edad que repasaba la clase mientras cada alumno hacía lo que quería.

Mi hijo no progresó académicamente, pero al menos, nadie se burló de él en su salón. Mientras tanto, organizábamos mi mudanza a la ciudad de Downey, California, una de las mejores decisiones que tomé en esos momentos, ya que, al poco tiempo, ¡me enteré que había un escándalo en la escuela por acusaciones de abuso sexual a los niños!

Fue gracias a las señales de alarma que, afortunadamente, pude detectar que algo no iba bien, mi hijo y yo teníamos miedo y no sabíamos por qué, había algo que no nos gustaba y de lo cual pudimos escapar a tiempo. Hoy doy gracias por haber tomado buenas decisiones porque, aunque moría de miedo, sirvieron para salvar a mi hijo de un destino incierto.

• • •

Me gusta recordar el primer día de Armandito en su nueva escuela, llegó a las 7:50 de la mañana, la gente alrededor era amable; los niños caminaban a la escuela felices, al llegar a la puerta había una muchacha con una sonrisa enorme recibiendo a los niños que iban llegando, les abría la puerta del carro y les daba la bienvenida.

Me quedé anonadada, jamás había visto ese trato en las escuelas. La gente trabajaba en armonía ¡Qué bonito recibimiento para los niños!, pensé. Para mi sorpresa, los días siguientes fueron igual, todas las mañanas estaba la misma joven dándoles la bienvenida, era una escuela distinguida en el estado de California. Eso significaba que tenían fondos para pagar más personal, también ofrecían guardería por las mañanas para quien lo necesitara. Era un ambiente agradable y muy seguro.

Desde su primer día de escuela mi hijo llegó feliz a casa, el resto del año escolar fue igual. Un día se cayó mientras jugaba durante el recreo, recibí una llamada de la escuela:

-Señora su hijo se cayó, pero no se preocupe, ya recibió atención médica, está en la enfermería, ¿puede venir?

-Enseguida salgo para allá.

Cuando llegué, la enfermera me acompañó hasta donde se encontraba mi hijo, vi que le había vendado la rodilla y él estaba tranquilo, esperándome, el trato era muy diferente al que nos dieron en el otro distrito donde él estudiaba. Aún tenía el amargo recuerdo de un incidente en donde nadie le puso atención, mucho menos lo auxilió, cuando un compañero le desgarró la córnea del ojo con un lápiz.

Semanas más tarde los resultados de la investigación del departamento de educación especial en Sacramento llegaron a mis manos. Se encontró a la escuela culpable de dos violaciones estatales y federales, pero sólo recibieron una multa. Gracias a esa investigación se dieron cuenta de cosas peores, había rumores de que muchos padres tenían demandada a la escuela por negligencia, sin embargo, no me quedé a averiguarlo, mi hijo ya estaba en otra escuela y yo me sentí feliz de saber que se hizo justicia, sólo deseaba con el alma que ningún otro estudiante con necesidades especiales sufriera lo que mi hijo padeció durante sus primeros dos años escolares.

Lo importante en ese momento es que mi hijo estaba ahora seguro en su nueva escuela y tenía los recursos que necesitaba para aprender y olvidar la terrible experiencia que vivió en la escuela anterior.

Aun así, notaba que mi hijo no era del todo feliz, le costaba mucho trabajo concentrarse y obtenía calificaciones muy bajas, así que cuando una maestra hizo la recomendación: "No toda la gente va a funcionar en la escuela, es más difícil debido a las condiciones de su hijo (tuvo una disfunción cerebral mínima por el constante estrés que vivió mientras yo estaba embarazada, eso le generó necesidades especiales educativas desde que era muy pequeño, pero no dejaron secuelas en él), ¿por qué no optan por la educación en casa? Es un niño muy listo y seguro le irá bien." Fue la mejor decisión que pude tomar, cuando mi hijo dejó de asistir a la escuela fue una presión menos, se volvió un niño diferente, más feliz, menos angustiado.

El miedo que lo paralizaba en la escuela y lo hacía actuar de forma insegura y hostil con los demás, quedó atrás, fue el mismo miedo un detonante para que la vida de mi hijo (y la mía) cambiara, ese sentimiento tan temido por todos nos avisó que algo no estaba bien, que necesitábamos cambiar las cosas.

Y, gracias a la ayuda de personas como Pedro Villa, el señor Gred y otros maestros que se involucraron en la educación de mi hijo, luchando con nosotros para lograr que se respetaran sus derechos a una educación acorde a sus necesidades, mi hijo pudo mejorar en sus estudios.

Nunca necesitó de algún medicamento, se le dio terapia con caballos y psicoterapia, eso lo ayudó muchísimo. Aunque no se graduó de la escuela, trabaja en lo que le gusta, instalando cámaras y arreglando toda clase de aparatos electrónicos. Ama tocar la guitarra.

La negligencia escolar de la cual fue víctima cuando se le negó la ayuda necesaria en la etapa más importante de su vida escolar, sin duda le afectó mucho, pero no guarda resentimiento a quienes le hicieron daño. Él siempre ha sido un guerrero y toma como un reto las experiencias que tuvo en las escuelas y aprendió a conocer sus miedos.

Su proceso educativo fue una constante de altas y bajas y mucho esfuerzo, mucho desgaste emocional e incomprensión por parte de distintas autoridades escolares, incluso psicólogos y prefectos. Esto me lleva a recordar un episodio en la vida de mi hijo que significó para él –también para mí- una lección de vida:

Una noche mi hijo salió de su habitación y me dijo:

-Mamá, ¿conoces la película *Jamessy Boy?*- y me miró asombrado, diría yo que incluso confundido.

-No hijo, no la conozco, ¿de qué se trata?

-Tienes que verla mamá, de verdad, tienes que verla.

-¿Pero por qué tengo que verla? ¿De qué se trata?

-Quiero que la veas, mamá, me impresionó mucho.

-¿Qué te impresionó tanto, hijo?

-Parece como si tú y yo estuviéramos reviviendo mi etapa escolar, mis primeros años en la escuela...

-¿Cómo? ¿Por qué?

-Es una película que muestra una realidad triste, cruel incluso...

Intrigada por la conversación busqué la película y la vi. Hubo momentos en los que las lágrimas resbalaron por mis mejillas y entendí aún más a mi hijo, comprendí su sufrimiento infantil y me dolió no detectarlo en su momento.

La película cuenta la historia de un niño que crece en una familia con problemas de abandono y carencias. Una familia sin padre donde la mamá debe trabajar para cuidar a sus hijos: un niño con pésimo rendimiento escolar y actitud violenta hacia sus maestros y compañeros, y una niña más pequeña. Uno de los momentos cruciales –que nos pegó muy fuerte a mi hijo y a mí–, se dio al principio, cuando la madre y su niño son brutalmente cuestionados por los maestros y el director de la escuela por el bajo rendimiento del pequeño. La madre, enfurecida e impotente suplica comprensión y entendimiento para su hijo, pero sus ruegos son inútiles, el niño es despreciado por los representantes de la escuela y el trauma que le deja esta situación acentúa su desinterés por el estudio y cuando llega a la adolescencia encuentra en las drogas un camino para desahogar sus frustraciones.

No les contaré toda la película, pero realmente me impresionó mucho verme reflejada en esa madre, ver a mi hijo en esa criatura indefensa y condenada al vicio. ¿Cuántos niñ@s no pasaron por lo mismo? ¿Cuántos no tuvieron la oportunidad de estudiar por la intolerancia de maestros y directores? Tal vez muchos de ellos se perdieron en la delincuencia o en el mundo de las drogas, quizá muchos de ellos abandonaron su hogar y cometieron delitos graves que hoy los tienen en la cárcel.

También me llamó mucho la atención que el personaje principal, el niño y adolescente James, después de años de infancia muy duros, escribiera sus pensamientos, sus reflexiones, ¡incluso bellos poemas en los que relata su infierno y decide dibujar con palabras caminos de ilusión y esperanza! Así es, el joven delincuente formado por las batallas callejeras y la cárcel demuestra una gran sensibilidad y un deseo de salir adelante que muchas personas en sus circunstancias no consiguen.

En su libro *Despertando al gigante interior*, Anthony Robbins cuenta que en una visita que hizo a Nueva York le sorprendió muchísimo el caso de una mujer de 28 años que fue atacada por unos adolescentes. Lo que más le impresionó es que los jóvenes que cometieron el delito, una docena de entre 14 y 17 años, no eran niños de la calle, tampoco adictos o cercanos a bandas delictivas, eran los clásicos jóvenes de una comunidad estable socialmente. Golpearon a la mujer de forma despiadada, la arrastraron a un lugar solitario, la violaron y al creerla muerta se fueron de ahí. Más increíble le resultó saber que a esta práctica se le conocía como *desmandarse*, y que los responsables eran muchachos de buena posición económica, si no millonarios, al menos estudiantes de escuelas privadas y con padres preocupados por su educación.

Qué lejos queda el razonamiento de que sólo los jóvenes más pobres o las clases menos favorecidas son las que cometen siempre los delitos. Vivimos en una sociedad a veces muy hipócrita que no quiere ver la realidad porque le ofende o le lastima, no acepta que no sólo los más pobres son delincuentes, es más, a veces en sus clases medias o altas hay más delincuencia, drogas y abusos, que ocultan en complicidad con autoridades y policías para que "esa gente de bien" sea respetada.

Cuando mi hijo me recomendó esa película traté de entender a los jóvenes que cometen un delito, tal vez no tuvieron la cercanía de sus padres, tal vez no fueron apoyados en la escuela, quizá todo mundo los señaló y los rechazó, quizá abusaron de ellos, los humillaron, los despreciaron. Es probable que muchas de las personas que están en las cárceles de menores hayan cometido un delito bajo los efectos de una droga, por demostrar ante una pandilla su valentía, porque viven una profunda soledad, tristeza, abandono que transforman en rabia, resentimiento social. Entendí que muchos de esos jóvenes delincuentes a lo mejor pasaron lo mismo que mi hijo, quien, debo admitirlo, también estuvo tentado por el mundo de las drogas, las adicciones, las acciones prohibidas, y si no es por un accidente en motocicleta quizá estaría comentando –y lamentando- su situación.

Todos somos vulnerables, todos cometemos errores, no hay seres perfectos en el mundo, no soy yo quien debe juzgar a los niños y adolescentes que se drogan o cometen un delito, no soy yo quien señale por encima del hombro lo que hacen quienes practican el *desmandarse*, sólo me gustaría que los niños tuvieran siempre un hogar hermoso y mucho amor de sus padres, maestros y guías. Sé que la vida es dura, y a veces muy cruel, como me dijo mi hijo sobre la película, pero también sé que podemos despertar a ese gigante bondadoso y capaz del que habla Robbins, a mí me gustaría despertarlo para entender más a mis hijos, para amarlos más y ofrecer una mano cálida si llegan a caer.

Y ya que estoy hablando de ese gran escritor que es Robbins, mi respeto hacia él creció aún más al enterarme de que tuvo una infancia difícil, donde el alcoholismo y los malos tratos fueron una constante, el mal ejemplo y la humillación llenó sus años de infancia y él se sobrepuso a golpes, groserías de quienes debieron amarlo, indiferencia y desprecio. ¿Qué hizo? Revirtió sus días negros y empezó a trabajar con su autoestima, desafió sus malas experiencias, aprendió de ellas y alcanzó una vida de paz, perdón y plenitud.

Y si hablo de adversidad y sacrificio, pienso también en una mujer a la que admiro muchísimo: Oprah Winfrey, quien desde muy niña fue rechazada incluso por su mamá y vivió una serie de abusos que la lastimaron muchísimo. Sin embargo, Oprah no se quedó con el sufrimiento ni vivió para lamentarse, con profundo dolor en su corazón se sobrepuso a las adversidades e hizo de cada tropiezo, de cada ataque infantil y en la adolescencia, un motivo para ser más fuerte, más resiliente, más valiente. Sus años de maltrato y sacrificio la llenaron de energía para ser una mujer emprendedora, caritativa, con un gran corazón que transformó el dolor en amor, la tristeza en valentía y las malas experiencias en lecciones para levantarse de las caídas más fuertes y triunfar.

Antes de terminar este capítulo te comparto una breve historia que expresa mucha necesidad de amor y comprensión, mucha amargura, tristeza, crueldad y compasión:

En su celda, a pocas horas de ser ejecutado, un hombre pidió como último deseo papel y lápiz. Luego de escribir por varios minutos, le pidió a su custodio por favor, que entregara la carta que acababa de escribir a su madre.

La carta decía así:

"Madre, creo que si hubiera más justicia en este mundo, tanto tú como yo deberíamos de ser ejecutados. ¡Tú eres tan culpable como yo de mi vida miserable! ¿Te acuerdas, madre, cuando llevé a la casa aquella bicicleta que le quité a otro niño del barrio? Me ayudaste a esconderla para que mi padre no se enterara. ¿Te acuerdas, madre, cuando me robé el dinero de la cartera de la vecina? Fuiste conmigo al centro comercial y lo gastamos juntos. ¿Te acuerdas, madre, cuando botaste a mi padre de la casa? Él sólo quiso corregirme por haberme robado el examen final de mi grado y como consecuencia de mis actos me expulsaron.

Madre, yo era sólo un niño, ¡luego fui adolescente y ahora un hombre mal formado! Era sólo un niño inocente que necesitaba corrección y no consentimiento. Sé que soy muy duro contigo, madre, pero no sé de amor ni de cariño, sé que soy muy severo al criticarte y culparte en parte por lo que me pasa, pero en la calle sólo recibí azotes y vicio. Te perdono y sólo te pido que compartas esta reflexión con todos los padres del mundo posibles, para que sepan que ellos *son los únicos responsables de formar a un hombre decente o a un delincuente.*

Gracias, madre por darme la vida y gracias también por ayudarme a perderla. Firma ¡Tu hijo, El Delincuente!

Confieso que he pasado muchos momentos difíciles con mi hijo, y sé que aún faltan muchos episodios de nuestras vidas, sólo quiero que él sea feliz, que trabaje mucho para cumplir sus sueños y encuentre un camino de luz.

Actualmente mi hijo tiene veintitrés años, es un joven inteligente y de gran corazón, con virtudes y debilidades como cualquier ser humano. Aprendió a tocar la guitarra y se apasionaba interpretando numerosas melodías y cantando, se veía muy feliz con su instrumento, cuando lo escuchaba tocar su espíritu inquieto me transmitía una enorme alegría de vivir; últimamente ha tenido abandonada su guitarra y se ocupa de otras cosas, aunque no le insisto, me gustaría que dedicara más tiempo a la música, a su guitarra para calmar su alma y expresar sus emociones, pero ya él decidirá.

Ahora él elige cómo quiere llevar su vida, porque es su tiempo para crecer. Sin embargo, abrazo y agradezco las enseñanzas que el miedo me dejó, pues sin él, nunca me hubiera dado cuenta de que las cosas estaban mal, del sufrimiento de mi hijo y de la necesidad que tenía de que yo lo ayudara.

Así que, ¡adelante!, querido amig@, no dejes que el miedo te paralice, aprende de él y vuélvelo un aliado, porque en este mundo tan acelerado, nunca sabes qué sucesos cambiarán tu vida.

Capítulo 3

¿SIENTES CULPA?
DESÉCHALA

Ser padres no es una tarea fácil, al fin y al cabo somos seres humanos antes que padres, equivocarnos es natural, lo verdaderamente importante es reconocer cuando hemos cometido un error y aprender de esas experiencias, mostrarles a nuestros hijos empatía y amarlos incondicionalmente, especialmente si nuestro hijo es diferente.

He escuchado infinidad de casos en los que los padres se lamentan por el mal camino que tomaron sus hijos cuando crecieron, sienten sobre ellos una carga enorme que aumenta con el paso del tiempo, como si una gran roca estuviera en su espalda, aplastándolos en cada paso que dan. Esto se llama CULPA, un mal que, lamentablemente, viene del arrepentimiento por no haber actuado de cierta manera en el pasado, por no haber puesto límites en la crianza de los hijos o, al contrario, porque fuimos demasiado estrictos con ellos. Para que la culpa no nos carcoma dentro de unos años, hay que tener en cuenta una cosa: debemos corregirlos amorosamente, sin abusar de nuestra autoridad, pero tampoco permitiéndoles todo, complaciéndolos con tal de no escuchar quejas o reclamos.

La mirada del señor Santiago está perdida, como buscando en sus recuerdos el momento en el que todo se quebró, sobre él hay una nube espesa y gris que consume su ser y lo acompaña en cada paso. Mientras finge estar bien, sonríe por cortesía al terapeuta y se sienta en el sofá color vino que decora la estancia amplia y luminosa.

-Señor Santiago, me comentaba por teléfono que se siente mal por la relación que tiene con su hijo. ¿Por qué no me cuenta un poco más?

-Me siento perdido, solo, creo que he arruinado la relación con mi hijo... Tiene 19 años, durante toda su vida le he dado lo que ha querido...bueno, económicamente, la verdad nunca me ocupé de su educación...a lo mejor ese fue mi error...

-¿Por qué no se involucró más en su crianza?

-Porque uno piensa que lo material es lo más esencial en esa etapa, ahora me doy cuenta que es al revés, lo más importante es ponerles atención, convivir con ellos, demostrarles lo mucho que nos importan; porque ni con lo material, ni con todo el dinero del mundo cura uno a sus hijos cuando hay problemas de otra clase.

-¿Cuál cree que fue el problema más grande que usted enfrentó durante la crianza de su hijo?

-Pues, por estar todo el día en el trabajo, nunca pude realmente ocuparme de él, no sabía si tenía algún problema, si necesitaba algo, si quería platicar con su *padre o simplemente si necesitaba un abrazo, ese fue mi mayor error, ahora no sé cómo lidiar con esta culpa.*

-¿Por qué siente culpa?

-Me siento culpable y triste por no haberle puesto atención cuando estaba niño, ahora que está grande siento que no puedo hacer mucho por él.

-¿Qué haría diferente ahora de lo que no hizo antes?

-Pues... ya no se puede regresar el tiempo; me hubiera gustado estar más con él, prestarle más atención y no centrarme sólo en lo económico. Pero ahora que está grande, es muy tarde para compensar el tiempo perdido, ni con todo el dinero se puede recuperar eso.

-¿Por qué cree que no puede arreglar las cosas? ¿Su relación quedó tan afectada?

-Sí puedo convivir con él, pero no es lo mismo, él ya casi no quiere andar conmigo; de grandes los hijos se alejan, cuando están chicos es cuando sí quieren el calor de los padres y uno no los atiende en ese tiempo, por eso se empiezan a ir los hijos. Cuando llegan a otra edad, ya no es lo mismo, porque ellos tienen otras cosas en su mente, ya uno no es tan importante para ellos.

-¿Qué cree que puede hacer de aquí en adelante?

-No estoy seguro, quizá tratar de ser un padre ejemplar, pero lo veo difícil... Lo que pasa es que ya es tarde para eso, el papel de padre es necesario cuando los hijos están chicos, ¿ahorita ya para qué?...

El señor Santiago sintió un nudo en la garganta, las lágrimas empezaron a correr por sus mejillas como si gotas de lluvia cayeran de aquella nube de culpa que traía cargando desde hace tiempo...

¿Te suena familiar? ¿Conoces casos como el del señor Santiago? ¿Acaso tú te encuentras en la misma situación que este señor? Tranquil@, respira, todo en esta vida tiene solución. Para eso estamos aquí, para aprender juntos de nuestros errores y formarnos un mejor futuro.

El amor es lo más grande que le podemos dar a nuestros hijos. La herencia más valiosa que les podemos dejar es que sean seres humanos felices y productivos. Cuánta gente se desgasta tratando de dejar grandes riquezas a sus hijos, pero descuidan el tiempo de calidad con ellos. No quiero decir que el dinero o la riqueza es malo, para nada, nos sirve para muchas cosas, sin embargo, mi punto de vista es que no hay mejor herencia que dejarles una buena educación, una familia llena de amor, valores y tiempo de calidad, sin olvidar el buen ejemplo, pues es la base de una formación en el niño.

Si tú, papá o mamá, trabajas con entusiasmo y tu hijo lo ve, en su mente se quedará ese ejemplo de que trabajar con entusiasmo y esfuerzo es lo normal y lo mejor. Pero si tú mientes, abusas, haces trampa y lo ven tus hijos, esas actitudes les serán normales a ellos y mentirán, harán trampa o abusarán porque lo vieron en ti, y aunque les reclames no lo aceptarán porque con tu ejemplo se normalizó determinada conducta, así que debemos tener mucho cuidado con lo que decimos, y más con lo que hacemos, pues es muy probable que nuestros hijos repliquen nuestra forma de conducirnos en la vida. Si no estamos con ellos, si nos alejamos de su educación, cuando crezcan será muy difícil corregirlos o dar un buen ejemplo, el tiempo habrá pasado y el distanciamiento que se formó será muy difícil de superar.

Ahora bien, quiero aclarar una cosa: no puedes cambiar el pasado, pero sí aprender de él. En vez de cargar con la culpa de no haber forjado una buena relación con tu hijo, OCÚPATE y concéntrate en lo que puedes hacer HOY para solucionarlo. Lo sé, no es sencillo, pero tampoco es imposible, conozco casos de gente que no tuvo buena relación con sus padres y que ya de grandes pudieron arreglar sus diferencias.

Te voy a platicar un caso: Ernesto es un señor de 40 años, tiene dos hijos y una linda esposa... pero la relación con sus hijos no era del todo buena, constantemente había peleas en la casa y el lazo padre-hijos estaba cada vez más dañado, además, ¡tenía 15 años sin hablar con su papá!

Desde que Ernesto nació, su papá (don Gustavo) fue una persona muy distante, pocas veces mostraba sus emociones, y cuando lo hacía, siempre eran negativas o exasperadas; la infancia de Ernesto estuvo marcada por una figura paterna ausente y estricta, eso repercutió enormemente en la persona en la que se convirtió.

Aunque Ernesto no lo entendía, la imagen de figura paterna que tenía estaba marcada por el desagrado y la violencia ¡y él la estaba replicando! Después de varias sesiones con el terapeuta, Ernesto se dio cuenta de que tenía que sanar viejas heridas para construir nuevos caminos. Al enterarse de esto, decidió visitar a su padre. Don Gustavo lo recibió hosco, con ademanes bruscos y un poco evasivo, pero detrás de toda esa facha, Ernesto pudo ver en los ojos de su padre algo que nunca antes había visto: alegría, don Gustavo estaba feliz de ver a su hijo, incluso le dio un apretón de manos fuerte y ¡un abrazo! al verlo entrar por la puerta.

Padre e hijo hablaron por largo rato, contaron viejas historias y compartieron nuevas noticias, Ernesto le contó sobre su nuevo trabajo y acerca de su familia, incluso le enseñó fotos y videos de sus hijos. Por su parte, don Gustavo platicó un poco acerca de sus planes de jubilación, los arreglos que le había hecho a la casa que vio nacer a Ernesto, y de lo solo que se sentía. Poco a poco, Ernesto fue soltando el odio y rencor que le sentía a su padre, entendió que no podía hacer nada para cambiar el carácter de su papá, pero sí podía manejar sus sentimientos hacia él y la manera en la que los orientaba. Decidió abandonar todo lo malo y quedarse sólo con lo bueno. Ernesto se despidió de su papá con un abrazo y salió de la casa sintiéndose un hombre nuevo, ya no tenía esa carga en su espalda, no sentía más esa culpa por la relación que llevaba con su progenitor, entendió lo que podía, y no, cambiar en su vida, y así lo hizo. A partir de ahí, la relación con sus hijos cambió notablemente, Ernesto modificó lo que no funcionaba y reconstruyó lo que estaba por romperse.

• ● •

Una vez me preguntaron: "Mireya, ¿tú crees que exista gente MALA?", sin duda una pregunta muy complicada y que merece una reflexión cuidadosa. Ahora bien, si debo responder si existe gente mala, yo pienso que no, no hay gente mala. Creo que sólo gente feliz y gente miserable; gente que tuvo mala suerte en su niñez y que después no supo manejar el rechazo y gente que creció en un ambiente favorable y próspero, porque, cuando hay un buen ambiente en el hogar, los hijos generalmente actúan correctamente, mientras que en ambientes tóxicos, los hijos tienden a responder de manera negativa.

Hay que educarnos en las áreas que estemos débiles para lograr una disciplina adecuada, firme, pero consecuente, dispuesta a la comunicación y amorosa. Pues ser tiernos o cariñosos con nuestros hijos no es señal de debilidad de nuestra parte ¡al contrario!, tomar en cuenta sus opiniones, pedirles ayuda, nos hace mejores padres y creamos con ellos lazos de compromiso y amor incondicional, como el que le tenemos a nuestros hijos; para buscar siempre su bienestar, lo importante es no darnos por vencidos ni tirar la toalla.

Es importante estar atentos a las señales de alerta que nos dan nuestros hijos para ayudarlos a tiempo, con esto evitaremos vivir arrepentidos por no solucionar los problemas cuando aún se podía. Te voy a compartir un par de historias de familias que tuvieron que pasar por una desgracia para darse cuenta de que algo estaba pasando, y debido a la mala comunicación y el descuido, acabaron en tragedia:

*Pedro, un joven de quince años, empezó a fumar mari-
guana desde los trece años para evadir la soledad en que
vivía, sus padres se sentaban horas junto al televisor y
aunque nunca lo dejaban solo, no había una verdadera
comunicación, emocionalmente hablando.*

*Un día, mientras regresaba de la escuela, lo atropelló
un automóvil. Andaba bajo la influencia de la droga y no
se fijó al cruzar la calle, hasta ese día sus padres se dieron
cuenta de que su hijo tenía problemas de adicción, pero
ya era demasiado tarde, ese accidente le costó la vida
al joven que para entonces era solitario y distraído. Los
padres de Pedro nunca escucharon a su hijo, lloraron
amargamente su muerte y vivieron mucho tiempo con
culpa. Ahora, y gracias a largas sesiones con el terapeuta,
aprendieron a perdonarse, pero el dolor nunca se ha ido.*

*Otro caso es el de Juan Carlos, quien creció con un
padre que lo trataba muy mal, eso le dejó una huella
profunda, cuando tuvo sus hijos fue excesivamente exi-
gente con ellos.*

*Su hija mayor vivía en constante depresión por no
alcanzar las expectativas que su padre tenía de ella, por
esa razón, intento suicidarse en dos ocasiones, necesitaba
desesperadamente huir de su realidad. Afortunadamente
recibió ayuda y eso le salvó la vida, pero sufrió por muchos
años de ansiedad y depresión.*

El menor de los hijos de Juan Carlos se esforzaba por ser el mejor estudiante y agradar a su padre, pero parecía invisible en esa casa, pues la atención de sus padres era para su hermana mayor. El niño creció en el abandono, siendo adolescente comenzó a juntarse con malas compañías y a cometer pequeños delitos, todo por un poco de atención de sus padres. Un día lo arrestaron por meterse a robar a una casa, eso fue la gota que derramó el vaso. Juan Carlos, quien no había prestado atención a los constantes gritos de ayuda por parte de sus hijos, por fin abrió los ojos.

Con el tiempo, Juan Carlos reconoció sus errores y pudo comprender el daño que él mismo causó a sus hijos con sus exigencias, la relación entre ellos mejoró, pero sigue lamentándose por haber desperdiciado tanto tiempo peleando con sus hijos en lugar de convertirse en su amigo.

Cada ser humano nace con cualidades, talento y un gran porvenir, pero a nosotros los padres nos toca ayudarles a nuestros hijos a descubrirlo para que alcancen su potencial máximo y usen ese talento que se les dio al nacer. Todos los seres humanos somos únicos y nuestro amor incondicional y apoyo son la diferencia entre el éxito y el fracaso.

Así que, insisto, ¡no te preocupes, OCÚPATE! Deja de cargar con la culpa y la frustración de no haberle prestado la atención suficiente a tu hijo, en lugar de eso, trata de reconectarte con él, reconstruye los lazos rotos y forja unos nuevos. El camino del perdón y la felicidad están a tu alcance, ¡tómalos y no los sueltes jamás!

Y si por alguna razón no tienes hijos y crees que tu vida se completará con la presencia de un nuevo ser, piensa primero que los hijos no deben ser recipiente de nuestros deseos ni de nuestros sueños no cumplidos.

Una amiga me contó una vez que su matrimonio sería feliz, totalmente feliz, si tuvieran un hijo. No diré por qué no podían tenerlo, sólo quiero decir que me llamó mucho la atención su deseo de tener un hijo sólo para completar su felicidad. Así me lo dijo, completar su felicidad. Entonces le dije:

-Pero si ustedes están muy felices, y si no pueden tener hijos la adopción es una alternativa.

-En eso estamos, no te creas- me respondió.

-Me alegra que lo piensen así.

-No sabes cuánto sueño con tener un bebé, para comprarle mil cosas, vestirlo como siempre me hubiera gustado que me vistieran a mí; si es niña para llevarla al ballet, yo siempre quise ser bailarina, o para que estudie piano, se ven tan elegantes las nenas ante el enorme piano.

-Pero dicen que los niños sienten mucha presión cuando son sometidos a los anhelos malogrados de los padres.

-Tonterías, debe encantarles, es más, así los haces más disciplinados, bien educados.

-Pues... si tú lo crees así, aunque debes pensar en su bien, en su felicidad.

-¡Claro que pienso en eso! Él o ella será nuestra felicidad, y sus padres seremos la dicha de nuestro hijo o hija.

-Ay, amiga, no sé qué decirte, ¿de verdad has pensado seriamente en tener un hijo?

-Sería lo más bello que me pasara en la vida, sólo así estaríamos totalmente felices mi pareja y yo, un bebé sería nuestro premio a tantos sacrificios.

Intrigada le pregunté si sentían un hueco en su felicidad, si algo les faltaba y para mi sorpresa me dijo que sí, que a veces se sentía muy frustrada, incluso con ganas de separarse, me dijo que desde niña siempre deseó ser madre y que tendría un hijo a como diera lugar, que nadie le quitaría ese gusto.

Sus palabras me cimbraron, quería un hijo porque su sueño era ser madre, *un hijo a como diera lugar*. ¡Pero los hijos no son un capricho, tampoco son seres que deben llenar nuestros huecos y carencias! Me despedí de ella realmente contrariada, le deseé suerte y quedamos en vernos pronto. Mientras iba camino a casa recordé un cuento que tiene que ver sobre la adopción, lo comparto contigo:

EL ORFANATO

Los niños del orfanato veían entrar y salir a las parejas que querían adoptar un niño huérfano porque no podían tener uno propio. El orfanato se encontraba en una casa vieja con techos muy altos, esto hacía que los niños se sintieran aún más pequeños al levantar la vista, ya que el techo se les hacía muy lejano. Los pequeños se ilusionaban con una mejor vida, se imaginaban vivir en una casa moderna y elegante, pues la gente que visitaba el orfanato hacía buenas donaciones, se veían felices y con el control de sus vidas, tenían buena posición económica y siempre parecían de buen humor. Pero más que eso, a los niños lo que les encantaba era la felicidad que reflejaban en su rostro, se sentían atraídos por esas personas, incluso peleaban por ser el próximo adoptado.

Pero cuando llegaba una pareja triste y con un semblante amargado porque no tenían hijos, los pequeños notaban el sufrimiento en sus rostros y corrían a esconderse para no ser elegidos. Preferían seguir huérfanos, a ser adoptados por esos seres humanos tristes, grises, que sólo reflejaban amargura. Los niños temían quedarse con esas personas que tal vez les garantizaban una cama cómoda y buen alimento, pero una vida miserable de soledad y abandono, ya que esas parejas expresaban con su deseo de tener un hijo, un gran sufrimiento, una evidente frustración por no ser padres naturales, incluso esperaban que el niño o la niña elegida llenara su espacio frío en el alma, no pensaban en compartir su amor, esperaban que el niñ@ fuera sólo amor y el motivo para estar en este mundo, cargando sobre ellos una montaña de expectativas. Es muy posible que los huérfanos sintieran que esas personas no pensaban en ser buenos progenitores, sino que buscaban a un pequeño para que los hiciera felices, como si fuera un juguete.

El niño huérfano sentía que sería presa fácil de las frustraciones de sus nuevos padres, le esperaba una vida igual de triste y frustrada, y vivirían en una jaula de oro, pero no serían libres.

No cabe duda de que los niños son inteligentes y saben observar. Enfrente del orfanato había una señora que vendía dulces, para que la gente le comprara, ponía cara de sufrimiento, pero nadie quería llevar dulces llenos de sufrimiento a su casa. Pero cuando la señora llegaba contenta y con buena actitud, todo mundo le compraba.

Los niños habían aprendido a observar desde las rejas del orfanato a la señora de los dulces, por eso se escondían cuando llegaba una pareja con el mismo gesto de dolor que la señora de los dulces cuando ponía cara de amargada, así no serían elegidos para la adopción. Preferían seguir en el orfanato a ser adoptados en esas condiciones, pues eran más felices con sus hermanos (los otros niños huérfanos) con quienes habían crecido y jugado. Ellos eran la única familia que conocían y se sentían dichosos, a pesar de no tener mucho económicamente.

Si nosotros fuéramos esos niños huérfanos y tuviéramos la oportunidad de escoger, ¿elegiríamos a nuestros padres reales, o preferiríamos otros? Como te comenté antes, Oprah Winfrey y Anthony Robbins son claros ejemplos de que sus padres no definieron lo que ellos son ahora, Oprah y Anthony no decidieron ser víctimas ni vivir de las quejas; optaron por ser los protagonistas de sus vidas, se empoderaron y sanaron emocionalmente, por eso tienen una extraordinaria empatía con las personas necesitadas de orientación o de ayuda emocional y les transmiten numerosos mensajes que los ayudan a superarse. Creo que nadie debe buscar la felicidad en otra persona, debemos ser felices solos y de manera natural. Si queremos estar con alguien o tener un hijo, creo que lo mejor es elegir a alguien para compartir nuestra alegría, nuestro amor por la vida, nuestra buena actitud.

Capítulo 4

ECHA A VOLAR TUS INSEGURIDADES

¿Cuántas veces nos hemos dejado llevar por la angustia o la preocupación, en lugar de tranquilizarnos y meditar sobre lo ocurrido? ¿Alguna vez has tomado decisiones guiadas por la prisa que luego no fueron adecuadas? ¿Vives con miedo e inseguridad por cada decisión que tomas? No te angusties, todos hemos pasado por esto. Las inseguridades y los miedos nos hacen humanos, y depende de nosotros detenerlos y aprender de ellos.

Cuando mi hijo nació me llené de preocupaciones y miedos, había esperado con anhelo ¡durante siete años! su nacimiento, y ahora que lo tenía entre mis brazos, ¡no quería perderlo! Estaba rodeada de inseguridades, pensaba: "¿Podré educarlo bien? ¿Sabré ser buena madre?" A su vez, la crianza de mis otros hijos, mi trabajo y mis demás ocupaciones, me tenían con la cabeza a mil por hora y con el sentimiento constante de no saber si estaba haciendo lo suficiente -o lo mejor- para criar a mis niños. Sabía que los amaba, de eso no existía ninguna duda, pero no se vive sólo de amor, tenía que ser responsable de ellos en su salud y su alimentación, en el ofrecimiento de un espacio agradable y luminoso para que crecieran en armonía.

Aún recuerdo el primer día de kínder de mi hijo, estaba entusiasmado por asistir a la escuela. Compramos su mochila mucho tiempo antes del comienzo de clases, ya que él veía a sus amiguitos de la cuadra ir a la escuela todos los días. Fue tanto su entusiasmo por la mochila que la llevamos a casa con meses de anticipación hasta que por fin llegó el primer día de clases.

Caminé hacia la puerta y nos despedimos con un fuerte abrazo y un beso. Pero ese entusiasmo duró sólo tres meses. Como ya mencioné, Armandito lloraba todas las mañanas. Se agarraba de la cama para no asistir a clase. No quería estar en esa escuela, así que me inscribí como voluntaria en su salón de clase por las mañanas. La maestra ponía mucho empeño en que sus estudiantes aprendieran a leer, y casi todos sus alumnos estaban muy avanzados, por lo que progresaban rápido en lectura y escritura. Todos... menos mi hijo, ¡que ni siquiera sabía escribir su nombre!

La opinión de la maestra era que tal vez el niño no estaba listo para comenzar la escuela, aún no tenía los cinco años y lo consideraban lento. También sugirió que lo llevara al médico para que le hicieran una evaluación y que hablara con la consejera de la escuela.

Seguí las instrucciones de la maestra, llevé al niño al médico y, bueno, para mi pesar, lo diagnosticaron con ADHD y ODD.

Mi mundo se vino abajo en ese momento, las inseguridades y preocupaciones que venía arrastrando durante todos estos años de pronto se materializaron, me sentí derrotada, vencida por una fuerza invisible que me había acechado durante tantos años y que finalmente se presentaba ante mí.

Fueron semanas difíciles, mi esposo y yo no sabíamos qué hacer, nuestro hijo estaba sufriendo y nosotros no encontrábamos la manera de ayudarlo. Día a día veíamos la tristeza y el sufrimiento que representaba para nuestro hijo ir a la escuela. Y como una bola de nieve que va cayendo y se vuelve más y más grande, nuestras preocupaciones crecieron. Pero un día decidí tomar cartas en el asunto, ya no quería preocuparme más, quería HACER ALGO para remediar las cosas, era la única manera en la que podía ayudar a mi hijo y soltar esa carga de preocupaciones y angustia que me consumía día a día. Por fin lo decidí y luego de numerosas inquietudes me hice más fuerte y tomé decisiones que ayudaron a mi hijo a superar sus miedos, te lo contaré más adelante con detalle. Mientras, te voy a compartir una pequeña historia.

EL PERICO DE DOÑA LUCHA

Un perico disfrutaba de un día soleado en el patio de doña Lucha, mientras ella le compartía amablemente un pedazo del jugoso mango que había cortado de su jardín.

Doña Lucha solía platicarle al perico sus preocupaciones, las cuales eran muchas, ¡pues se preocupaba por casi todo y muchas veces se metía donde no la llamaban!, vivía en constante estrés porque estaba enfrascada en infinidad de problemas familiares, suyos y de sus vecinos, ya que quería rescatar a todo el que creía que necesitaba de su ayuda (y aunque no todos se la pedían, ella igual la daba). Por eso peleaba con todas las personas y se metía en problemas que no le correspondían, de ahí que la gente la considerara una persona toxica.

Doña Lucha adoraba a su perico, era el único que le alegraba la vida (era el único ser que la escuchaba durante largas horas sin quejarse).

A Doña Lucha le preocupaba mucho que el perico se saliera de su jaula porque había animales que podrían comérselo. *El animal al que más miedo le tenía era al gato, que cruzaba por su patio todas las noches, acechando al pobre perico, así que, para prevenir un accidente, mejor metía a su amada mascota dentro de su casa para protegerlo.*

Una mañana, como tantas otras, hubo una crisis familiar provocada por problemas innecesarios con Mary, su "hija rebelde" (como doña Lucha la etiquetaba). Doña Lucha peleaba frecuentemente con ella pues, en su afán por protegerla, terminaba por desesperarla.

Mary era una jovencita de diecisiete años cuyo mayor anhelo era sentirse comprendida y amada por su madre, pero en lugar de eso, tenía que refugiarse en casa de sus amigas para evitar peleas innecesarias con doña Lucha, y ser la manzana de la discordia entre sus padres, pues cada vez que doña Lucha y Mary peleaban, la mamá desquitaba su enojo con su marido y con sus otros hijos, todo por el mal comportamiento de su hija.

El esposo de doña Lucha era una persona calmada y comprensiva, no le gustaba tener problemas con su conflictiva esposa así que no se involucraba. Prefería mantenerse neutral para evitar conflictos.

Mary, al sentirse desprotegida, se refugiaba en casa de sus amigas donde sí era bien recibida ya que se compadecían de su situación, ahí se sentía segura, lograba olvidarse por un rato de los problemas y regresaba a su casa cuando su mamá dormía.

A Doña Lucha la fastidiaban las amigas de su hija porque sentía que le robaban su cariño, este sentimiento nocivo le impedía ver sus propios errores y se excusaba pensando que los culpables de sus sufrimientos eran los demás. Por eso, se aseguraba de aplicarles la ley del hielo y los ignoraba. Así se sentía mejor.

Un día su enojo fue tan grande que se olvidó por completo de meter al perico a su casa y, esa noche, los peores temores de doña Lucha se hicieron realidad. Cuando recordó que no había metido a su adorada mascota salió corriendo desesperada, pero fue demasiado tarde, el perico estaba moribundo. Para sorpresa de doña Lucha, el gato no fue el culpable de su muerte, fue la picadura de una víbora venenosa que se escondía entre las macetas y la humedad de los pasillos oscuros.

Doña Lucha intentó todo por revivirlo, pero fue imposible. Un profundo dolor se apoderó de ella. ¿Cómo podría sobrevivir sin su perico? Estuvo a su lado llorándolo varios días.

Lo enterró en el mismo lugar donde se sentaban todas las tardes a tomar el sol, pero no se resignaba a perderlo. Cada vez que lo recordaba, iba y lo desenterraba. Lo abrazaba muy fuerte contra su pecho y lloraba amargamente por horas, lamentando su descuido. Sus gritos se escuchaban por todo el vecindario.

Cuando se calmaba un poco, volvía a enterrarlo y así sucesivamente. Hizo lo mismo durante varios días hasta que ya no pudo desenterrarlo más porque el olor era insoportable y no tuvo más remedio que dejarlo en su tumba.

Muchas veces hemos actuado como doña Lucha, cargando preocupaciones y problemas que no nos corresponden o que están fuera de nuestro alcance, descuidando lo verdaderamente valioso en nuestras vidas. En el caso de doña Lucha fue la relación con su hija, que se vio afectada en su afán por protegerla de todo y manejar su vida, lo que terminó alejándola. ¿Cuántas veces nos hemos empeñado en que las cosas salgan exactamente como queremos, sin pensar siquiera en cómo las quieren los demás?

De igual manera, doña Lucha cuidó tanto a su perico, viviendo en constante preocupación porque el gato no le hiciera nada, para que al final, en un momento de descuido, fuera la mordida de una víbora la que acabara con la vida de aquel pobre animal. En ocasiones, estamos tan preocupados por alguna situación y hacemos todo lo posible para mantenerla bajo control, que dejamos de vivir y centramos nuestro mundo en torno a la preocupación y el miedo, todo para que al final las cosas tomen otro camino y nosotros no podamos hacer nada.

Creo que es momento de vivir sin demasiadas preocupaciones, lo mejor es concentrarse en lo que está en nuestras manos cambiar, lo que no, es mejor desecharlo. A veces estamos tan metidos en nuestras preocupaciones, exagerando los riesgos, que olvidamos planes y deseos. La vida de por sí es muy difícil y más en estos tiempos de pandemia que ha maltratado a toda la humanidad, entonces, ¿no es mejor pensar en cosas luminosas, positivas? Nadie sabe qué pasará mañana, si tendremos salud o estaremos vivos, así que mejor hay que pensar positivo desde hoy, tener ilusiones hoy y tratar de ser mejores personas a partir de hoy.

Y finalmente, así como doña Lucha enterraba y desenterraba a su periquito, una y otra vez, así nosotros desenterremos nuestros miedos y preocupaciones, para qué aferrarnos a ellos, es mejor vivir sin cargas inventadas por nosotros. Cuando no nos perdonamos de nuestros errores somos nuestros propios enemigos y desenterramos el pasado una y otra vez, buscando enmendar lo que hicimos mal. Pero, en vez de culparnos y aferrarnos a nuestros errores ¿no es mejor enterrarlos para siempre?

En lugar de concentrarnos en nuestros errores o fracasos, es mejor ocuparnos de las cosas más valiosas que tenemos, soltar lo que nos hace mal y abrirnos ante lo maravilloso que la vida tiene para ofrecernos.

Con esto ¡no digo que no te preocupes de nada!, sólo pienso que la preocupación en exceso y desbordada resulta más un mal, que un bien. Nosotros somos dueños de nuestros pensamientos, por eso hay que aprender a controlarlos y a dirigirlos siempre hacia algo positivo. ¡No seas como doña Lucha, entierra ya a ese perico de una vez por todas!

Capítulo 5

PROTEGE LO QUE AMAS, SUELTA LO QUE TE DETIENE

"En mi mente hay un niño encadenado
dentro de una habitación fría y obscura,
en dolorosa soledad donde permanecerá eternamente.
El dolor es inevitable e implacable, como el paso del tiempo.
Mentalidades corruptas y obscuras nos mantienen encerrados,
estas mentes perversas de ceguera irremediable
creen que todo lo resuelven con un lavado de cerebro.
Las cárceles están repletas de espacios abarrotados,
salvavidas y guardias con caras huecas.
Corazones encadenados,
temerosos de los cambios y voluntades debilitadas
se vuelven complacientes.
Sin embargo, sostengo con paciencia
que el tiempo puede limitar,
pero no hacer añicos mi voluntad.
La fuerza ardió en mi pecho,
tan sólida como el acero penitenciario,
pero el silencio habla,
me dice todo lo que necesito escuchar,
confirma mis creencias
y las promesas a las que tengo que temer.
Me recuerda que sin libertad estoy solo,

y estas paredes encaladas
no compensan las almas ennegrecidas...
Lo que he hecho es quien soy,
pero quién soy es lo que hago ahora.
No quedaré ciego ni dejaré de luchar.
Con el tiempo planeo hacer el bien
y lo que es correcto está dentro de mí,
estoy aprendiendo a apreciar mi lucha
porque sería difícil encontrar el gozo del logro sin ella.
Vivimos y aprendemos, nos levantamos y caemos,
como el latido del corazón de un gigante dormido,
con sueños agridulces. Mantente arriba, nunca abajo."

James Burns, de la película *Jamessy Boy*

Éste es, quizá, uno de los capítulos más importantes de este libro, y seguro te preguntarás: ¿Por qué empezar con un poema que aparece en una película donde el drama prevalece? Y te respondo: precisamente por eso, porque hay drama, dolor, amargura y ante estas situaciones es fundamental responder con amor, con perdón y resiliencia. Estas tres acciones requieren de mucho valor ante las adversidades, pues cuando uno está herido o derrotado, hace falta una fuerza enorme para levantarnos y recobrar nuestra vida.

A lo largo de estas páginas encontrarás una serie de anécdotas que te darán la fuerza para recuperarte de un momento de oscuridad, pero sobre todo, te darán ejemplos de superación, porque en este mundo tenemos mucho que aprender de lo que nos rodea; por ejemplo, de la transformación de una simple oruga en una hermosa mariposa que se eleva libre y feliz; de la luna que a través de sus fases pasa de estar vacía y ausente a ser un ser divino, completo y autónomo que se renueva una y otra vez.

La vida es como una montaña rusa, en ocasiones nos encontramos arriba y otras veces estamos abajo, pero no por eso vamos a dejar de luchar, debemos ser fuertes ante la adversidad y aferrarnos a lo que más amamos para salir adelante.

En mi caso, fue mi hijo, él me enseñó, a pesar de su corta edad, a disfrutar de los pequeños placeres que la vida me ha regalado: una cálida tarde de juegos en el parque, un rico desayuno en familia, el calor insuperable de un abrazo a un ser querido, las tardes de risa ocasionadas por alguna celebración; todo eso opacaba el sufrimiento que tenía cada que mi hijo iba a la escuela, cada que era rechazado e incomprendido por su condición. Todo lo bueno: el amor, las risas, la calidez y la felicidad fueron germinando muy dentro de mí, como una semillita que fui alimentando y regando poco a poco hasta que el dolor se fue, lo deseché.

Entendí que no podía cambiar el pasado, pero sí vivir con pasión el presente y disfrutar el momento que se nos presenta con todos sus misterios, como si de un regalo se tratara.

A continuación, te voy a presentar algunos casos en los que los protagonistas experimentaron momentos muy difíciles en sus vidas, situaciones que los harían tirar la toalla y rendirse ante la mala fortuna, la desgracia, o simplemente, ante las malas decisiones que tomaron en el pasado; pero algo pasó, las personas víctimas de estos males decidieron que iban a aferrarse al amor y a la luz de la vida, a la resiliencia. En lo personal, admiro a cada una de estas personas, porque nos enseñan algo valiosísimo: las ganas de vivir y la elección de ser felices.

JOSÉ

José comenzó a trabajar desde los 8 años de edad en las calles de Guadalajara. Venía de una familia muy pobre y tenía que ayudar en casa. Su padre los había abandonado hacía varios años y su madre, desolada por la pérdida, había caído en el alcoholismo y la violencia, golpeaba fuertemente a sus hijos y los culpaba por su infortunio.

En una de tantas tardes, bajo el sol quemante, mientras José vendía los dulces que le correspondían diariamente, no se fijó al cruzar la calle y un auto lo atropelló. Presa del miedo, José se levantó como un conejillo asustado y corrió, el conductor bajó del auto, pálido como un muerto y comenzó a gritarle: "¡Espera niño, espera! ¿Estás bien?", a lo que José alcanzó a contestar con un hilo de voz: "Sí..."

José siguió trabajando, como si nada hubiera pasado, más por el miedo que tenía que por su propio gusto, ya que se sentía realmente adolorido. Al llegar a su casa no dijo nada, pensaba que su madre lo golpearía por descuidado, por quejumbroso ¡o porque sí!, así que se quedó callado durante días, con un profundo dolor físico que acompañaba al dolor interior que vivía en el pequeño José.

Años después, José se convirtió en un joven fuerte y serio, formó una familia, y recordando todo el dolor que había sufrido a lo largo de su vida, el abuso, tanto físico como mental, los días de hambre, las noches de desvelo, etcétera; prometió que nunca en su vida permitiría que sus hijos pasaran por esa situación Por eso trabajó mucho para que nunca le faltara nada a su familia. Quiso darles una vida diferente a la que él había vivido, con el tiempo, las heridas de José fueron sanando, y gracias al *amor y apoyo de su familia, José dejó atrás esos recuerdos dolorosos y sentimientos de coraje y resentimiento. Ahora José es una persona feliz y renovada, sólo voltea hacia atrás para aprender de la vida y sacar siempre lo mejor de la situación.*

BRENDA

Brenda vivía en una casa hermosa de seis recámaras, caso curioso siendo hija única. No tenía amigos y se aislaba constantemente pues sufría de depresión crónica. Pasaba días enteros sola en casa mientras sus ocupados padres viajaban constantemente dejándola a cargo de la servidumbre, no tenía comunicación con adolescentes de su edad y su hogar se sentía vacío por la falta de ese calor familiar que tanto necesitaba Brenda. Su único consuelo era ir al centro comercial y comprar compulsivamente cosas que no necesitaba, durante varios años vivió una vida superficial y solitaria.

A la edad de dieciocho años conoció a un chico y se enamoró profundamente de él, sobre todo de aquella imagen que había creado en su cabeza de un novio fiel y protector (nada más alejado de la realidad). Al poco tiempo se fue a vivir con él, pensando que en aquella familia encontraría el hogar que nunca tuvo, meses después quedó embarazada.

Fue grande el desengaño de Brenda, paso hambre y maltrato, el muchacho resulto ser cruel y egoísta, la humillaba constantemente y su estancia ahí se convirtió en una terrible pesadilla. Se dio cuenta de que aquella familia "perfecta" era sólo un espejismo, y que al igual que la suya, tenían muchos problemas -incluso más que en su propia casa-, sintiéndose derrotada tuvo que regresar al hogar de sus padres con su bebe de dos meses porque ya no soportó más la situación.

Durante meses, Brenda vivió en depresión, la desilusión de su vida en pareja y las viejas heridas de abandono que habían quedado de su infancia, hicieron fuertes estragos en su salud física y mental.

Pero un día Brenda recuperó la luz. Se vio postrada en su cama y con una niña triste y enferma a su lado, ¿así quería vivir? No, las cosas no tendrían que ser así, ella tenía que luchar, esa criatura hermosa que trajo al mundo no merecía una vida de amargura y abandono.

Brenda se dio cuenta a tiempo que no podía darle a su hija amor si ella no se amaba, así que se levantó con un objetivo: emerger de la oscuridad, amarse y hacerse cargo de su hija. Buscó un trabajo y se dedicó a vivir una vida feliz para ella y para su pequeña. Un día el ex de Brenda se la encontró en la calle, ¡por poco no la reconoce!, Brenda era ya una mujer fuerte, decidida y con un aura que iluminaba los espacios en los que se encontraba. Brenda dejó atrás lo que no le servía y dejó de culpar a los demás por sus desgracias pasadas. Se ocupó de su presente, de lo que hoy necesitaba su hija y de cultivar un amor potente y duradero para ella y para su hija, sólo así pudo ser feliz.

MARTHA

Martha era una muchacha de 14 años que vivía en un pueblito de México. Entre su familia y amistades la virginidad se consideraba sagrada, y si alguien tenía relaciones sexuales antes de casarse, era tratada de lo peor.

En ese contexto Martha se enamoró de un joven igual que ella, inocente y con ilusiones. Era tanto su amor y su despertar sexual que un día tuvieron relaciones íntimas. Ella estaba muy asustada y apenada, no sabía qué hacer, sentía una vergüenza enorme y una culpa que la hacía sentirse incómoda, además, no tenía buena comunicación con su madre y tenía pavor de su reacción si llegara a enterarse. Cuando le preguntaba a su novio qué podían hacer, él sólo la miraba confundido, también asustado y agachaba la cabeza.

Martha tenía mucho miedo a las críticas ya que tenía un problema de autoestima muy grande y creía que la juzgarían mal, porque, sumado a esto, las muchachas del pueblo tenían fama de chismosas, y si se llegaran a enterar, se encargarían de informar a todo el mundo. Con esta sensación, y por querer pasar desapercibida, Martha envió a su prima de ocho años a comprar pastillas anticonceptivas, la dependiente de la farmacia le preguntó para quién eran las pastillas, la niña contesto inocentemente: "Son para mi prima." Eso le causo muchos problemas a Martha ya que, efectivamente, sus temores se hicieron realidad y surgió un chisme enorme que destruyó su vida, al grado de que sintió que debía abandonar el pueblo por la vergüenza de sus actos.

Por si esto fuera poco, tiempo después experimentó sentimientos de rechazo por parte de sus padres. Años después, Martha entendió que no debía importarle lo que los demás pensaran de ella, sobre todo si eran chismes de pueblo, pues la gente lo único que buscaba era entretenerse con el sufrimiento de alguien. Martha construyó una vida lejos de ese lugar y ahora vive feliz y en paz.

CARLA

Carla era una muchacha de catorce años con muy malas calificaciones, siempre andaba distraída debido a los problemas familiares que tenía en su casa, por eso no ponía atención en clase. Las peleas diarias entre sus padres la tenían con los nervios de punta, no se podía concentrar y recibía constantes regaños por parte de sus profesores.

Sin embargo, una mañana, después de una durísima reprimenda que un profesor le dio a una amiga cercana, Carla se dio cuenta que tal vez su amiga pasaba por los mismos problemas que ella y no tenía otra opción más que dedicarse a resolver lo que tenía a la mano, también pensó que si no podía cambiar a sus papás, al menos sí podía tener ella otra actitud ante la vida, así que a partir de ese día trató de poner más atención a las lecciones que le daban sus maestros. No fue fácil revertir la situación, pues no tenía buenas calificaciones, pero su esfuerzo le dio para salvar el año, como trabajó arduamente y tomó buenas notas, esto le sirvió para preparar sus exámenes finales.

El día de su primer examen Carla llego muy temprano a la escuela, estaba feliz y confiada pues sabía que se había preparado muy bien, quería graduarse de la secundaria ese año y demostrarles a sus padres que podía ser buena estudiante.

Se sintió muy orgullosa al recibir los resultados, sacó excelentes calificaciones en sus exámenes y se decía: "Tengo la capacidad suficiente de pasar todas mis materias, de aquí en adelante sólo necesito concentrarme más en clase y no pensar sólo en los problemas."

Al llegar a casa quiso hablar con sus padres, pero estaban enfrascados en una pelea y la ignoraron completamente. En ese momento Carla tuvo que tomar una decisión: perder la motivación que tenía y dejar de esforzarse, o esforzarse aún más y demostrarse que ella podía contra lo que viniera, que los problemas con sus padres no iban a impedirle alcanzar sus metas y conseguir la felicidad.

¿Sabes lo que hizo? Yo creo que sí.

Y bueno, como éstas, hay miles de historias de personas que tenían todo en su contra y aun así salieron adelante gracias a su actitud y a su resiliencia. Historias que no necesariamente hablan de genios emprendedores que se volvieron millonarios de un día para otro (aunque sí las hay); lo que nos queda claro es que son historias que todos conocemos o vivimos día a día, con desafíos, misterios, problemas o ilusiones, donde caemos y nos levantamos con más fuerza para continuar. Por eso es muy importante agradecer, agradecer por abrir los ojos cada mañana, por tener un día más de vida, por la familia, los amigos, por las experiencias vividas que siempre tienen algo que enseñarnos. Aférrate a las cosas positivas y desecha lo que no te aporte nada bueno, todo está en la actitud que cada quien tenga ante la vida.

Te voy a dar un ejemplo, tengo una amiga muy querida, es una persona excelente, de verdad, es bondadosa, leal y muy espléndida, el problema que tiene es que todo el tiempo dice frases como: "Soy muy infeliz." "No tengo nada de suerte." "La vida me ha tratado muy mal." "Me siento mal." Y eso, aunado a un gesto de queja y malhumor, la alejan hasta de sus amistades o familiares, pues saben que se quejará, será muy negativa y "presumirá" su reciente depresión, por eso casi nadie quiere tomarse siquiera un cafecito con ella (lo siento amiga, es la verdad), pues se sabotea y opaca todos los buenos atributos que tiene; ¡y peor aún!, siempre está sumida en la depresión y la ansiedad ¡por algo que ella misma creó! ¿A qué me refiero?, bueno, cuando uno dice: "Soy infeliz", le da una orden al cerebro, entonces, por más maravillas que lleguen a tu vida, el cerebro va a estar todo el tiempo con la orden de que nunca va a lograr la felicidad. Y la pobre de mi amiga se la pasa quejándose de lo mal que le va en la vida sin siquiera agradecer por el auto que se acaba de comprar ¡qué locura!

Te voy a dar otro ejemplo: hay una viejita que vende cacahuates en la calle, muy cerca de mi casa, siempre que paso frente a su puesto la veo con una cara de sufrimiento que no puede con ella, se victimiza para causar lástima, para que la gente le compre su mercancía y quizá hasta le dé una limosna. A mí no me gusta comprarle porque no me quiero llevar a mi casa esos cacahuates llenos de sufrimiento.

Por eso, querido amig@, enfréntate con valor a lo que te toca, deja de pensar en soluciones de lo que no está en tus manos resolver, preocúpate por ti primero, cuando hagas eso verás las cosas desde otra perspectiva. Pregúntate: ¿Dónde está la persona valiente y llena de energía que era capaz de lograr cualquier meta que se propusiera? ¿Cuándo dejé de disfrutar mi vida?

Porque a mí también me pasó, llegó un punto en el que dejé de gozar mi vida y me sumergí en la victimización y el sufrimiento, esto, además de hacerme profundamente infeliz, no me dejaba ver las cosas buenas de la vida, sufría por todo y descuidaba mis necesidades.

Cuando nos dejamos dominar por el sufrimiento, atraemos lo malo; pero se complican más las cosas cuando amistades a nuestro alrededor están vibrando en la misma sintonía que nosotros; a veces, supuestos amigos "bien intencionados" nos causan más problemas de los que ya tenemos, ya que nos contaminan con su negatividad y no nos permiten avanzar.

Pero ¡ojo!, hay que entender que ser una persona tóxica no necesariamente es ser una mala persona, hay ocasiones en las que, debido a la depresión o a algún problema en nuestras vidas, tenemos un estado de ánimo horrible, vibrando muy bajo y alejando a las personas que nos rodean, pero eso no nos define como personas malas, sólo son momentos malos, hay que aprender a desechar esa negatividad y atraer la luz y el amor para que estemos siempre en armonía.

El amor es el sentimiento más sublime, con amor logramos conseguir más cosas en la vida, lo que prediques es lo que vas a recibir, así que ¡ama!

Cuando estamos enfocados en el presente y traemos alegría a la casa, la gente quiere estar alrededor de nosotros, cuando estamos en el modo víctima creemos que la gente a nuestro alrededor tiene que resolver nuestros problemas y correr a nuestra ayuda, pero nadie tiene la obligación de llevar nuestra carga, por mucho amor que nos tengan.

Por eso, rodéate siempre de personas y vibras que te hagan sentir bien y feliz, la vida es muy corta como para vivir atado a la toxicidad, no dejes que tu cuerpo se contamine, vibra positivo y prepárate para tener tu recompensa. ¡Protege lo que amas, suelta lo que te detiene!

Capítulo 6

APRENDER
DE LOS GRANDES
MAESTROS

"¡Mi hueso, mi hueso, mi huesito!"

Grité preocupadísima para que no aplastaran a mi pequeña hija Edith Ahtziri. La gente corría feliz y despreocupada para acercarse lo más posible a César Lozano. Yo acudí en esa ocasión a verlo en una de sus conferencias y realmente estaba felizmente impresionada por su carisma, su encanto y sus conocimientos.

Me acompañaba mi pequeña hija a quien con amor le decía "Mi huesito, mi hueso", el apodo nació porque era muy delgadita, y fue la abuela Tilma, mi madre, quien primero me lo puso a mí cuando era una niña pequeña, delgada y feliz, luego pasó a mi pequeña. Así que ahí me tienen ustedes en esa bola de simpatizantes del doctor Lozano gritando desesperada: "¡Mi hueso, mi hueso, mi huesito!"

En ese momento César Lozano cruzaba ante mí y con su encanto natural y buen humor me gritó: "¿Tu beso? ¿Quieres tu beso?" ¡No lo podía creer!, yo estaba preocupada por mi hijita que en el remolino de personas que se formó y el apretujamiento se zafó de mi mano, no quería perderla ni que la lastimaran con un pisotón o que la aplastaran.

"¡Mi hueso, mi huesito!", seguí gritando; entonces el doctor César Lozano se abrió paso entre las muchas personas que querían verlo para tomarse una foto con él, les firmara un libro o sólo abrazarlo y saludarlo, y fue directo hacia mí: "¿Dónde está la del beso, a ver, dónde está?" Me identificó, se acercó a mí, me abrazó y me dio un beso lleno de cariño en la mejilla. La gente gritó y aplaudió, más de una persona creyó ¡que le estaba pidiendo un beso a César Lozano!, pero lo que yo quería era saber dónde estaba mi hijita, mi huesito amado. Por fin pude tomar su manita y alejarnos del tumulto, con la tranquilidad de estar de nuevo con mi pequeña y a salvo, pude pensar entonces en lo que acababa de ocurrir, me reía sola entre avergonzada y divertida, mi hija reía conmigo y así felices nos alejamos rumbo a casa.

Debo decir que horas antes había coincidido con César Lozano, sin planearlo ni siquiera imaginarlo. Mi hermana Anabella era la coordinadora de esa visita del doctor a la Plaza Olvera, en Los Ángeles, California y me había pedido que pasara por el doctor al hotel donde se hospedaba y lo llevara al evento.

No podía creerlo. Tanta gente con la ilusión de verlo, de conversar con él o recibir su consejo, y yo, de pronto con la oportunidad de platicar con él, recogerlo del lugar donde se hospedaba y llevarlo al sitio de su presentación, para mí era un día especial, una ocasión extraordinaria por el hecho de saludarlo, conocerlo. Reconozco que estaba nerviosa pues no sabía qué decirle, cómo se comportaría él, cuál sería su trato.

La primera impresión que tengo de él es la de un hombre sencillo, muy educado y con una agradable sonrisa, más alto de lo que se ve en televisión y muy amable. Cuando llegué al hotel ya me esperaba en el lobby, es un hombre muy puntual, me recibió con un abrazo y me dijo: "Listo, vamos para que no se haga tarde." Es un hombre muy respetuoso, nunca se portó como un divo arrogante, al contrario, fue súper cálido y sencillo, platicamos muy agradablemente en el camino. Me dijo que tenía calor –estábamos pasando por un verano muy caluroso en Los Ángeles- y para mi mala fortuna mi aire acondicionado no servía, sentí muchísima pena porque nos estábamos asando, pero César fue muy paciente, no se enojó conmigo ni exigió otro automóvil.

Le dije que estaba escribiendo un libro y me dio su correo electrónico para que se lo mandara cuando lo acabara, entonces el ego se me fue al cielo y divertido me dijo una de sus frases más comunes: "¡Cálmate, Rosa María!" Me trajo a la realidad de nuevo, ambos reímos y platicamos de otras cosas.

Algo que hasta la fecha me incomoda y me da pena es que cuando el doctor Lozano me dijo que se le antojaba un café no pude complacerlo por diversas razones: de pronto no había un lugar para comprarlo, buscamos un Starbucks y cuando por fin lo vimos ya no había tiempo pues tuvimos que enfrentar un gran tráfico debido a una manifestación de protesta por el ataque de la policía a unos jóvenes migrantes. Con el tiempo encima continuamos nuestro camino, así que no pude darle ese pequeño gusto. César Lozano, él no lo sabe, ha sido uno de mis maestros —de enseñanza y de vida— más queridos. Nunca le mandé el libro porque no lo terminé, cuando estaba a punto de terminarlo, algo pasaba e interrumpía la escritura, espero que algún día tenga este ejemplar en sus manos y sepa que le tengo gran admiración y cariño.

Apenas en 2019 me enteré de que vendría a Riverside a dar una conferencia y emocionada compré mis boletos para verlo y llevarle una tarjeta de Starbucks para que disfrutara de un rico café mientras estuviera entre nosotros. Sin embargo, yo me sentía aún muy triste por la muerte de mi esposo y dudé incluso en ir a la conferencia del doctor Lozano, pero sentí que quizá verlo me levantaría un poco el ánimo y así fue. Pude verlo backstage y para mi sorpresa se acordó de mí y me dio el pésame por la muerte de mi esposo ocurrida apenas un mes antes. Él se enteró del fallecimiento por un correo que le envié después de tomar un taller en línea que se ofertaba con un curso de Actitud positiva impartido por él mismo y que en ese momento me sirvió muchísimo, utilicé las herramientas del taller para entender muchas cosas y aliviar un poco mi dolor.

Poco tiempo después de tomar ese curso murió el padre adoptivo de una amiga muy querida, así que pude consolarla gracias a las enseñanzas del curso: me apliqué con esmero y sinceridad con lo aprendido para ayudar en algo a mi amiga, mi intención fue siempre darle aliento y esperanza a partir de las enseñanzas de César, tan profundas y a la vez tan sencillas. Debo admitir que ya sea por sus libros o en sus conferencias, las palabras de César siempre han dejado honda huella en mí. Nunca pensé que al poco tiempo yo necesitaría ese consuelo y ¡fuera mi propia amiga la que me apoyó con su cariño y esas enseñanzas tan valiosas en la muerte de mi esposo!

César me dio el pésame y me recordó ¡que no le había mandado el libro!, entonces me di cuenta de que a pesar de ser más famoso, con mucho más público y convertido en toda una gran celebridad, seguía siendo la misma persona sencilla y con ganas de ayudar; pero habían pasado muchas cosas en mi vida y mi proyecto de libro estaba estancado.

Al empezar esta pandemia de COVID-19, César anunció la primera generación en línea de la certificación El arte de hablar en público; inmediatamente me inscribí, ya lo había intentado, pero me fue imposible. Ahora veo que fue una gran decisión porque me permitió salir de mi zona de confort, tener más seguridad para hablar ante los demás y desarrollar mejor mi discurso. Después de ese taller en tiempos de pandemia he tenido la oportunidad de estudiar, de superarme poco a poco y avanzar con mi sueño de escribir un libro.

Y como lo dije, César Lozano ha sido en estos últimos años un gran maestro del que he aprendido sobre el duelo y el perdón, sobre la resiliencia y la actitud positiva. En sus numerosas presentaciones y escritos nos invita a alejarnos de personas tóxicas, a comprender a los demás, a no engancharnos con cosas del pasado, a ser tolerantes y comprensivos. Sin que él lo sepa, sus palabras nos emocionan y nos conmueven, nos inspiran y nos abren los ojos para ser más asertivos y más felices.

¡Gracias, querido doctor César Lozano! Sería muy feliz de decirte en persona que ya está el libro y que tus enseñanzas me han servido mucho para aliviar mis penas en momentos complicados.

Capítulo 7

LA FUENTE
DE LOS DESEOS

Hay días en los que un@ de plano no puede levantarse por sentir una gran tristeza, un cansancio enorme, porque la pila está baja o la saturación de tantas actividades nos pega muy fuerte. Sentimos que el cuerpo no responde, que el agobio se acomoda en nuestro pecho como una garra feroz y nos impide movernos, empezar el día.

Así me ocurrió aquella mañana de verano. Sentía un pesar muy grande que me obligaba a hundir mi cabeza en la almohada y las cobijas. Sentía mucha tristeza, mucho dolor, tenía tantas cosas sin resolver, me dolía la vida.

Afuera el sol brillaba, las nubes se acomodaban en un cielo azul intenso y vivo, el ruido de pájaros, motores, voces lejanas se mezclaba con mi cansancio y la sensación de no querer siquiera asomarme a la ventana.

En la casa se escuchaban algunos ruidos, cajones que se abrían y se cerraban, ruido de vasos y cucharas, el rumor de la cotidianidad anunciaba un nuevo día. Pero, ¿quién hacía y deshacía en la casa? Pronto lo descubrí: al poco rato de estar atenta a los ruidos y los movimientos de la casa, apareció mi hijo con una charola en las manos y el más bello de los alimentos: su sonrisa feliz. Como no escuchaba movimiento en mi recamara, ¡decidió prepararme el desayuno! Como

Dios le dio a entender me llevó pan, jamón, fruta, mantequilla... ¡y apenas tenía diez años!

Su gesto me conmovió; confieso que las ganas de llorar me sacaron de mi tristeza. Allí estaba él, mi niño amado, mi hijo con el desayuno y su vitalidad infantil, dándome una lección de vida sin siquiera él imaginarlo, pues entonces pensé:

Aunque el amanecer te parezca una carga dolorosa y muy pesada, levántate, renueva tu fe y jamás pierdas las ilusiones.

Aunque la vida duela, recuerda que es breve y que de todo se aprende, avanza.

Aunque hay días de mucha incertidumbre, Dios no deja a nadie y siempre habrá también mañanas llenas de sol, de aire fresco y claridad.

-Anda, mamita, come, espero que te guste.

-¡Mil gracias hijito hermoso!

-Sólo quiero que te sepa muy rico y lo disfrutes, come mami, y si estás muy cansada, duerme otro rato.

-Estoy bien mi amor, muy feliz de tener un hijo tan atento como tú.

-¡Pero come, mamita, ándale, disfruta tu desayuno! ¿O no te gusta?

-¡Claro que me gusta hijito! Me lo comeré todo.

Entonces mi hijo se dio la vuelta y salió feliz de la habitación. No sé si sentía mi tristeza o se le hizo extraño que no me levantara, pero el hecho de que me haya llevado el desayuno a la cama me llenó de emoción, me conmovió muchísimo.

Comí lo que con tanto amor me trajo y decidí quedarme acostada un rato más, traté de dormir, de espantar malos presentimientos, me sentía muy cansada física y mentalmente, lo único que quería era dormir y que con el sueño se fuera esa pesadez, esa amargura que me acompañó desde que desperté.

En sueños escuchaba la música lejana de otras casas, voces de mis vecinos que se saludaban, preguntaban por sus familias, se despedían. Afuera de la casa los ruidos eran especiales esa mañana, algo así como pequeñas láminas y madera cuando chocan o se clavan, agua que revienta en los pisos, piedras que caen o raspan sobre otras superficies, yo pensaba que mi hijo, sin duda, estaría jugando con lo que encontraba en los trebejos de la casa.

Recordé que cuando era niña me gustaba mirar el cielo entre los árboles, ver las ramas con sus hojas muy verdes, a veces algún pajarillo buscando en el verdor su nido, el sonido del viento que mecía las ramadas, imaginaba que algún día esos árboles crecerían más, y más, y que si uno trepaba en ellos con mucho cuidado, cuando el árbol estuviera gigante, quizá podría tocar alguna nube, eso pensaba y la vida en el campo me llenaba de alegría, miraba las ramas largo tiempo, también las flores silvestres, las veía asombrada por su forma y sus colores y pensaba cómo la naturaleza dejaba en los caminos a sus hijitas las flores, solitarias y bellas, pequeñas y encantadoras, hasta que algún grito familiar me sacaba de mis reflexiones y me despedía de esas inolvidables flores moradas, azules, rojas, que crecían graciosas entre pastos y matorrales.

Me senté por fin en la orilla de la cama y escuché con más cuidado los ruidos afuera de la casa. ¿Qué estaría haciendo mi hijo? ¿Cómo veía él su niñez? ¿Le gustarían las flores, los árboles, el cielo...? Afuera se escuchaba el golpeteo de tablas, láminas, algo raspaban, un motor de camión apagó de pronto los sonidos y luego se alejó. De nuevo piedras y tablas, láminas y fierros, decidí por fin salir de la cama, levantarme para ver qué tanto ruido hacía mi hijo.

Tomé una ducha, me vestí y salí a encontrarlo al patio. Quedé maravillada. Mi pequeño hijo había construido una fuente, ¡sí! Una fuente con láminas y tablas. No sé cómo se las ingenió para que el agua subiera y bajara, resbalara por la madera y se concentrara en una pileta improvisada.

-¡Mira mamá! ¿Te gusta?

-¡Es hermosa, hijito, hermosa de verdad!

-Hice una fuente.

-Sí, ya veo, y mira cómo baja el agua, y tú estás empapado.

-No importa, valió la pena, fíjate cómo avanza el agua en su caminito.

-Sí, y el agua se ve feliz.

-Me costó trabajo hacerla, no me quedaba bien, tuve que empezarla varias veces, no quedaba y otra vez a empezar; luego la terminé y se doblaron las láminas y ahí voy de nuevo a empezar hasta que, por fin, mira mami, ya está, ¿te gusta?

-Sí, hijito, es muy bonita.

-¡La hice para ti!

Mi hijo estaba feliz, satisfecho por su trabajo. Con entusiasmo decidió hacer una fuente y el resultado era increíble, con sus defectos y remiendos la fuente era un milagro. Sentí unas ganas enormes de abrazarlo y agradecerle otra gran lección:

Con su ternura infantil me demostraba que todo se puede hacer mientras se tenga ganas y la mejor actitud.

Él sabía que su fuente no era perfecta, pero sí maravillosa, porque había logrado su objetivo.

Su mente infantil le enseñó –y me enseñó- que con sacrificios y esfuerzos tendremos buenos resultados y que también hay que aprender de las equivocaciones, son excelentes maestras.

Al ver su carita feliz y su cuerpo de niño todo mojado, olvidé el pesar con el que desperté, sabía que tenía algunos problemas qué resolver, sabía que a veces la vida era muy dura y el mañana incierto, pero mirar sus ojos encendidos por la felicidad, perderme en su gesto radiante me hizo reflexionar, hacer a un lado las cosas que me preocupaban y enfocarme en sus dos gestos inolvidables: mi hijo me preparó el mejor desayuno de mi vida y me regaló la fuente de los deseos que ningún cuento o leyenda pudieron tener.

Pasé un buen rato mirando cómo jugaba con el agua, cómo reparaba la fuente y checaba hasta el menor detalle. En ese momento mi hijo representó nuestra misión en la vida: crear, creer, construir, aprender de los errores, no perder la esperanza y, sobre todo, tener siempre, en cualquier circunstancia, una ilusión.

Capítulo 8

EL DOLOR, SOBREVIVE A ÉL

"El dolor es un maestro que nadie quisiera tener,
pero es del que más podemos aprender, su cura: el tiempo."
CÉSAR LOZANO

Éste es un capítulo muy especial para mí, en él, me gustaría narrar un poco de lo que fue perder a mi esposo, al amor de mi vida; una experiencia terriblemente dolorosa, sin duda, pero de la que aprendí muchas cosas, porque incluso en los momentos más oscuros de nuestra vida, hay un rayo de luz.

● ● ●

"Lo siento, no pudimos hacer nada por él. No pudimos revivirlo." Fueron las palabras que me dijo el camillero y que sentenciaron el inicio de una nueva vida llena de dolor. Mi esposo, que esa misma tarde había jugado con sus hijos, reído y compartido momentos hermosos, de repente ya no estaba más. Su muerte me cayó como un balde de agua fría que me dejó un vacío terrible en el corazón.

Lo primero que pensé fue: "No, debe haber un error. Esto no puede estar pasando." Ante un suceso así, lo primero que viene a la mente es la negación, una parte natural ante un duelo. No podía entender cómo, apenas unas horas antes, estaba feliz, no padecía de ninguna enfermedad, le gustaba hacer ejercicio y era muy trabajador, ¡no había ningún indicador de que algo andaba mal con su salud! Pero la vida a veces nos da unos golpes muy duros e imprevistos, y lo único que queda es enfrentarlos y pasar el trago amargo. De nada sirve preguntarse "¿Por qué a mí?" y romperse la cabeza y el corazón tratando de entender por qué la vida me había escogido para darme estas lecciones, tanto la muerte de mi esposo, como el sufrimiento por los obstáculos que tuvo que superar mi hijo, parecían ser duras pruebas que el universo me mandaba y que en ese momento yo no entendía muy bien.

La pérdida de mi esposo fue muy dolorosa para todos los que conformábamos su familia, el primer año fue el más difícil porque se presentaron muchas situaciones desagradables: aunado al profundo dolor que sentíamos, hubo gente que quiso aprovecharse de nuestras circunstancias, gente sin una pizca de escrúpulos que no respetó ese dolor. Gracias a buenos amigos que estuvieron con nosotros y que nos ayudaron en todo momento, pudimos salir adelante, pero fueron tiempos muy duros para todos

Me hundí en la depresión por meses, me sentía sola y desorientada, había muchas cosas en mi mente, mucho dolor y culpa, incluso resentimiento, le reclamaba a mi esposo por haberme dejado de esa manera y al mismo tiempo me reclamaba porque no pude hacer nada para salvarlo, fueron tiempos muy difíciles para mí y mis hijos, ellos habían perdido a su padre, toda la casa se sentía vacía y sin vida, como si la muerte se hubiera llevado también a la felicidad, y así fue, por muchos meses olvidamos lo que era sonreír.

El duelo es una respuesta normal, todos reaccionamos diferente, es nuestro escudo ante el inmenso dolor que significa la muerte de un ser querido.

En general, las etapas del duelo son las siguientes: negación, enojo, tristeza, asimilación y aceptación. Aunque ¡ojo!, no todas las etapas del duelo se viven en ese orden, incluso hay quienes experimentan sólo uno o dos sentimientos de estos, y no por eso significa que no sientan dolor, o que no les importe, simplemente son diferentes formas de enfrentar un hecho terrible.

Cada quien procesa el duelo de diferente forma, hay personas que lloran durante años la pérdida, otros se vuelven súper activos y se ocupan en mil proyectos que los ayudan a distraerse del dolor, existen otros que quieren disfrazar el sufrimiento con alcohol, algunos más se aíslan y no quieren hablar con nadie, en fin.

En el duelo no se trata de olvidar el dolor por la pérdida de un ser amado, se trata de aprender a vivir con esa ausencia y a sanar internamente para estar en paz con nosotros y con la persona que se ha ido. Existen muchas formas de sobrellevar ese profundo dolor, te comparto una de las cosas que más nos ayudaron, a mi familia y a mí, ante la muerte de mi esposo: recordamos los momentos felices que vivimos con él, eso siempre nos hacía sentir cerca y ponía una sonrisa en nuestra cara y corazón.

Te voy a compartir una pequeña lista con recomendaciones para afrontar la pérdida de un ser querido, reflexiones que me ayudaron mucho a aceptar la muerte de mi esposo y a superar el dolor que sentía día a día.

1.   *Acepta la realidad. ¿Duele? ¡Mucho! Pero no estás sol@, estoy aquí contigo. Y recuerda algo muy importante: el dolor va a pasar, te lo prometo. Sé*

que ahora no ves la luz al final del túnel, pero te prometo que la hay.

2. *Cada quien vive sus duelos a su manera. ¡No juzgues! Todos tenemos diferentes formas de afrontar la vida, deja que cada quien sane a su tiempo.*

3. *Expresa tus sentimientos con alguien de confianza. Es importante hablar sobre lo que sientes, no dejes que toda esa carga quede dentro de tu corazón. Cargar con todo tú sol@ es como cargar con un costal de piedras, y cada que hablas sobre lo que sientes es como si soltaras una piedra, verás que va a llegar un punto en el que te sientas libre por todo el peso que soltaste. Pero ¡ojo!, cuida que la persona a la que le cuentes tu sentir sea de confianza, no sueltes tus sentimientos a cualquiera.*

4. *Agradece lo vivido. Este punto es muy importante. Hay que estar siempre agradecidos por lo que nos rodea, por todo lo que la vida nos ha regalado, sea bueno o sea malo, somos seres humanos afortunados y, aunque ahora no lo parezca, estamos rodeados de bendiciones. Tómate un tiempo para agradecer todo lo bueno que tienes, piensa en los momentos que compartiste con aquella persona que está ahora en un lugar mejor y siéntete feliz y agradecido por lo vivido.*

5. *Forma una red de apoyo. La pérdida de un ser querido deja una huella enorme en el corazón de muchas personas. Acércate a las personas que están pasando por el mismo sufrimiento que tú*

> *y acompáñense (claro, si esas personas también*
> *así lo desean), creen lazos de apoyo y solidaridad,*
> *esto puede hacer una diferencia enorme.*
>
> 6. *Trabaja el aspecto espiritual. Por último, sana las*
> *heridas internas, consiéntete, escucha a tu cuerpo*
> *y tu alma. Eres lo más importante, debes estar*
> *bien. Si es necesario, busca ayuda profesional,*
> *agota todas las posibilidades. Eres tu proyecto*
> *más importante, ¡ámate!*

Con el paso del tiempo —y tras mucho llanto y dolor—, entendí que la vida no castiga o premia a nadie, la vida sólo sigue su curso, depende de nosotros absorber las enseñanzas que ella nos deja. Por ejemplo, yo aprendí a valorar más el tiempo en familia, a disfrutar cada momento que paso con mis hijos como si fuera el último, me tomé tiempo para mí, aprendí que la vida hay que disfrutarla al máximo, porque en cualquier momento, se va...

Poco antes de su muerte, mi esposo y yo habíamos hablado de su próximo retiro, había muchos sueños, proyectos, expectativas, teníamos varios fines de semanas visitando las playas de Rosarito, en Baja California, donde había escogido vivir para estar cerca de nuestros hijos.

Lamentablemente eso no fue posible, el universo tenía otros planes para él y para mí, lo que más me dolió es que él trabajó hasta el último día de su vida y no pudo disfrutar de un descanso, nunca pudo vivir su retiro... eso es lo único que todavía me lastima, y mucho.

Pero, a pesar de todo, ¡la vida es hermosa! Sólo hay que aprender a vivirla, sin importar cuantas veces tropecemos, lo importante es levantarnos de nuestras caídas y vivir libres de resentimientos y culpas, esos sentimientos sólo atrasan nuestro crecimiento.

Mientras sufrimos, no vemos nada de lo que pasa a nuestro alrededor, creemos que el mundo se detiene, que jamás habrá otro momento de tranquilidad, otro amanecer tranquilo, por eso es importante tener siempre claro lo siguiente: nunca olvides que la felicidad está en la mente.

El miedo y el dolor son sólo estados mentales causados por preocupaciones, a veces innecesarias, por hechos que no sabemos si ocurrirán. Nuestro cerebro no puede pensar en dos cosas a la vez, o piensa en felicidad o en desdicha ¿En qué eliges pensar tú? La decisión es nuestra, tomemos el control de nuestras emociones, verás que tu vida se volverá cada día más plena si eliges el camino de la felicidad ¡adelante!

Capítulo 9

RENACER

Estamos cerca del final de este libro, en este viaje hemos compartido historias de dolor, culpa, inseguridad y mucho perdón, pero también aprendimos lecciones de superación, amor y resiliencia. La vida está llena de contrastes y nuestra meta es vivir siempre del lado luminoso de la balanza.

Yo te invito a perdonarte y a perdonar a los demás, a elegir la luz y la confianza, a amarte y amar a tus hijos, a quienes te rodean; a amar y cuidar tu casa y la naturaleza. Podrás decirme, con toda razón: ¿Y quién eres tú para invitar a reflexiones tan profundas? Yo sólo te respondo: no soy nadie para dar consejos, sólo quiero compartir mis experiencias, mis dudas, mis caídas, mis errores, mi dolor, pero también mis ilusiones y mi aprendizaje, la decisión es tuya.

En estas páginas te compartí momentos muy personales, situaciones muy delicadas de mi vida, algunos sucesos fueron en extremo dolorosos y de cada uno de ellos he entendido una cosa: o aprendemos de nuestros errores y nos hacemos mejores personas, o nos dejamos amargar por las injusticias y paramos nuestro desarrollo humano por vivir con resentimientos. Lo que lees en estas páginas me cambió la vida, te lo comparto con la ilusión de que pueda servirte en un momento de angustia y te ayude a encontrar la luz aún en los momentos más oscuros.

Al final, cada uno es dueño de sus actos y el arquitecto de su propia vida. Nadie es responsable de las decisiones que tomamos, sólo nosotros. Mi propósito es decirle a los lectores que sí hay solución a los problemas, ya sea enfrentarte a la crianza de un hijo con necesidades especiales, la muerte de un ser cercano o pasar un momento crítico en la vida. Sin importar cuál sea el origen, te lo digo: todo tiene solución, recuerda que siempre hay alguien dispuesto a escuchar y a ayudarte. Lo único que necesitamos es buscarlos y nunca darnos por vencidos. Cuando una puerta se cierra, otra se abre.

A lo largo de estas páginas te he compartido el duro camino que he recorrido para ayudar a mi hijo a superar las adversidades y la negligencia escolar de la que fue víctima y por la que sufrió una fuerte depresión. En esos momentos en lo que todo se tornaba gris, en los que pensaba que no había solución y debía soportar el hecho de ver sufrir a mi hijo sin hacer nada para aliviar su sufrimiento ¡que equivocada estaba!, tuve que sacar fuerza del dolor y la experiencia para salir adelante.

O cuando murió mi esposo, me sentía tan enfrascada en el sufrimiento y la pérdida que no tenía ojos para otra cosa más que para compadecerme, estaba muerta en vida, el dolor me había consumido y yo ni siquiera me había dado cuenta.

Te cuento esto porque, en ocasiones, el dolor y la incertidumbre nos nublan la vista y nos hacen creer que no podemos levantarnos, que estamos derrotados y que debemos permanecer pasivos, lamentando nuestra suerte.

Te voy a contar lo que le pasó a una maestra de escuela que tuve en mi niñez, ¿cómo me enteré de lo que le ocurrió? No lo diré por respeto a ella y a su familia, incluso cambiaré su nombre, pero te lo aseguro, esa historia cambió mi vida.

Laura era una mujer muy hermosa y elegante, siempre bien arreglada y cuidadosa del más mínimo detalle para verse bien. Las personas a su alrededor admiraban su encanto y su trato pues era amable y su conversación siempre era agradable. Con el paso del tiempo conoció a un hombre dueño de diversos negocios en varias ciudades de México, se hicieron novios y un par de años después, se casó con él. El día de su boda se veía radiante y feliz, su esposo muy elegante y apuesto, al mirarlos podía uno imaginarse a una pareja llena de ilusiones y cariño.

Los meses pasaron y Laura estaba feliz, su marido la trataba muy bien y económicamente cada día estaban mejor, el matrimonio parecía vivir una luna de miel permanente, viajaban juntos, asistían a numerosos espectáculos, se divertían muchísimo.

Entonces llegaron los hijos y ella creyó que la dicha sería aún más... pero algo pasó. Su esposo poco a poco perdió el interés en ella y comenzó a criticarla por todo: que no atendía bien a los niños, que la comida no tenía buen sabor, que se había vuelto floja... al parecer eran sólo pretextos del hombre para humillarla y buscar otras mujeres. Como un despertar terrible a una nueva realidad, Laura descubrió un día las infidelidades de su esposo y lo confrontó:

-¡No puedes hacerme esto a mí, soy la madre de tus hijos!

-¿De qué estás hablando, Laura, no te entiendo?

-Bien que lo sabes, te citas con otras mujeres y te vas con ellas, esto no te lo voy a permitir.

-¡Estás loca, Laura, mejor cállate y vete a la recamara!

-¡No estoy loca, lo sé, te he visto y me lo han dicho!

-¡Pues si ya lo sabes no estés fregando! ¿O qué, te vas a ir de la casa?

-¡Eso haré, y me llevaré a los niños!

-¡Mis hijos no salen de mi casa, si te quieres ir, lárgate, pero te vas sola!

-¡No, me los llevo!

-¿Y cómo los vas a mantener si eres una muerta de hambre? ¡Si no fuera por mí, por mi trabajo, seguirías en tu miserable escuela muriéndote de hambre!

-¡Cállate, no te voy a permitir que...!

-¡Ándale, lárgate, quiero verlo, lárgate pero a mis hijos no los tocas ni los vuelves a ver!

Angustiada y sin saber qué hacer, Laura se dio la media vuelta y se encerró en su recamara. Lloró muchísimo, sintió que su vida perdía todo sentido, jamás había sido humillada de esa forma, ella siempre tan bien arreglada, hermosa y dueña de sus decisiones de pronto se encontraba atrapada en un laberinto. No sabía qué hacer ni tenía el valor de buscar un lugar para ella y sus hijos, realmente se sentía muerta en vida.

Intentó hablar con su esposo pero a partir de ese día todo fue inútil, él se burlaba de ella y la ofendía, le decía que era una muerta de hambre, que antes era bonita y ahora parecía bruja, la retaba a que hablara del divorcio y siempre terminaba amenazándola.

Así pasaron algunos años y Laura seguía atada a su verdugo, cuando llegaba a salir con su esposo por algún compromiso familiar hacía un esfuerzo sobrehumano para maquillarse y verse bonita, los primeros meses de su tragedia los sobrellevó con algo de valor y se esforzaba por ser la misma Laura de siempre: platicaba como si nada en su vida personal estuviera mal, bromeaba sanamente con sus familiares y su esposo, atendía muy bien a los niños y tenía siempre la mejor cara para la familia de su marido.

Pero como una flor que se marchita, Laura perdió brillo y entusiasmo, mientras ella caía más bajo, su esposo presumía con descaro una y otra conquista, mujeres más jóvenes que le hacían gastar fortunas en restaurantes, paseos y joyas. Laura ya no reprochaba nada, su derrota era total. Por obvias razones vivía con una enorme depresión que la atacó sin piedad, el pelo empezó a caer, manchas blancas en la cara aparecieron, adelgazó y tremendas ojeras rodearon sus antes hermosos ojos.

Un día Laura terminó por derrumbarse. Y ocurrió en el lugar más extraño: en un velorio. Después de una enfermedad muy larga su cuñado había muerto y Laura, su marido y demás familia cercana acudieron a dar el pésame a la viuda y a sus hijos.

Cuando la viuda vio a Laura no lo podía creer. Aunque estaba hundida en la pena por el fallecimiento de su esposo, fue evidente el cambio que notó en Laura, incluso dudó en recibir su abrazo porque veía ante ella a otro cadáver. Se abrazaron y Laura le dijo llorando: "Lo siento mucho, perdona tantos años de distanciamiento." La mujer la miró y con una sonrisa le agradeció su presencia.

La presencia de Laura, devastada, incluso mal arreglada, llamó la atención de una amiga común quien se acercó a ella con buena intención y muy preocupada por su aspecto. Le preguntó cómo estaba, cómo estaban sus hijos, qué había hecho los últimos años y entonces Laura le pidió que la acompañara por un café en la recepción del velatorio. Salieron de la sala y Laura la abrazó y lloró desconsolada.

Después de unos minutos de llanto inconsolable le dijo que desde hacía algunos años su vida era un infierno, que su marido la humillaba y no ocultaba sus infidelidades, le contó que tenía que aguantarse por sus hijos y porque no tenía apoyo de nadie. Le dijo que había perdido las ganas de vivir y que si no fuera por sus hijos ya se hubiera suicidado, que muchas noches pensó en dejar esa casa y llevarse a sus niños que también se daban cuenta de ese martirio y lloraban sin saber qué hacer, pero ella no tenía a dónde ir, con quién acudir, le dijo con grandes lágrimas que estaba desesperada y que un miedo profundo crecía en su interior, que casi no dormía y cuando dormía no descansaba, que los alimentos le hacían daño y su esposo todo el tiempo se burlaba de ella y le reclamaba delante de sus hijos.

Su amiga le dijo que eso no podía ser posible, que tenía que acudir a un médico de inmediato, que un profesional de la salud podía ayudarla. Pero Laura decía que no conocía a nadie, que hasta las visitas a los pediatras las controlaba su marido por medio de su secretaria, que no tenía ya contacto con su familia y menos con sus antiguas amistades. Entonces la amiga la abrazó llorando y le dijo que tenían que hacer algo para salir de esa situación, mientras se consolaban, la amiga le dijo que era un ser humano noble y maravilloso y que merecía una vida mejor, que tuviera fe y buscarían ayuda profesional. Incluso le prometió a Laura que sería muy discreta para que su marido no se enterara de su llamado de auxilio.

Las amigas regresaron a la sala donde se velaba el difunto y Laura sintió, después de años de vacío, una tenue luz de esperanza. Era realmente muy raro que ante un cadáver se abriera ante ella la posibilidad de sanar algunas heridas. Su amiga le prometió buscarla y le dijo que debía salir de esa horrenda depresión cuanto antes, también la consoló diciendo que sí era posible volver a sentirse bien pero que necesitaba mucha voluntad de su parte. Laura no podía creer lo que estaba viviendo, tener una esperanza en un velorio era de no creerse. El tiempo pasó y Laura buscó ayuda y entre muchas otras cosas aprendió a decirle basta al dolor, al sufrimiento, a la angustia y, sobre todo, a las humillaciones.

Te comparto esta historia querid@ amig@ porque quise mucho a esa maestra, a esa mujer que tuvo que caer muy hondo y sobrevivir, a esa mujer que logró una resiliencia admirable, y si acaso tú en algún momento de tu vida estás en una situación parecida, te lo digo desde el corazón: "¡NO LO PERMITAS!" Nunca te rindas, no permitas que nadie ni nada apague la luz interior que tienes, lucha, enfréntate, levántate y siempre da lo mejor de ti. No mereces humillaciones de nadie, no debes cargar el odio ni el rencor de nadie, nadie debe lastimarte con la brutalidad de sus palabras o sus actos.

Recuerda siempre que los humanos somos seres extraordinarios, capaces de vencer cualquier obstáculo. Así como en las historias de superación que te conté capítulos atrás, así tú eres capaz de vencer tus miedos, el camino de la luz y la felicidad está en tus manos.

Mi propósito no es juzgar a nadie, cada quien lleva su propia carga. Por ejemplo, ahora, el reto más grande al que me enfrentó es el de ser una buena madre para mis hijos, comprensiva, discreta y amorosa. Los miedos, las inseguridades y las derrotas que tuve en el pasado me enseñaron a ser más fuerte, a renacer más segura y más feliz, ese es el objetivo de este libro: encontrar la luz juntos y renacer más fuerte y más feliz ¡adelante!

Lo más valioso que podemos dejar en nuestro paso por la Tierra es convertirnos en seres humanos felices y productivos. A veces estamos tan ocupados en nuestros errores, que no prestamos atención a las bendiciones que tenemos a nuestro alrededor, por eso, insisto, agradece diariamente por la familia que tienes, los amigos que te rodean, los buenos y malos ratos, porque la vida se compone de alegrías y tristezas, risas y llanto, amor y desamor, lo importante es sacarle jugo a cada experiencia y siempre tomar lo mejor de la situación, sólo así podremos vivir plenamente.

Aprendamos a pasar tiempo de calidad con la familia, a fortalecer los lazos sentimentales con nuestros hijos, el tiempo pasa volando y no queremos vivir con el arrepentimiento de no haber actuado a tiempo. Escuchemos a nuestros pequeños, pongamos atención a las señales que nos dan sin descuidar el aspecto emocional de nuestra relación.

Algo tan sencillo como ver juntos un atardecer, una tarde familiar disfrutando de la mutua compañía viendo una buena película, rodar por el pasto de nuestro jardín esperando que salgan las estrellas, acampando ahí mismo para oír el sonido de la noche o quemar bombones mientras contamos experiencias alrededor de una fogata son momentos felices que jamás se olvidarán. Esa es para mí, la verdadera riqueza. La vida es hermosa, sólo hay que aprender a vivirla, sin importar cuántas veces tropecemos lo importante es levantarnos de nuestras caídas y vivir libres de resentimientos.

Cada día tenemos nuevos retos en la vida. De todo este viaje, aprendí a solucionar lo que puedo y lo que no está en mis manos, se lo dejo al Creador.

Los problemas nos dan la oportunidad de ser mejores personas, de aprender de nuestros errores, de ser resilientes y crecer día a día.

La muerte es lo único que no podemos solucionar: eso lo entendí con la muerte de mi madre, la de mis dos hermanos y la del amor de mi vida. Pero a pesar de lo doloroso de la situación, también saqué algo bueno de ello, ahora vivo al máximo y disfruto cada día como si fuera el último.

Cada experiencia vivida, cada lágrima derramada y cada dolor en el pecho me han hecho una mejor persona. Soy lo que soy gracias a cada momento que he pasado, gracias a mi hijo Armando. Él ha sido una bendición en mi vida, al igual que mis dos hijas y mi esposo.

Afortunadamente aprendí a nadar en la tormenta, y espero que a través de estas páginas tú puedas encontrar el camino que estás buscando, yo te comparto estas experiencias con muchísimo amor, queda en ti la decisión de ser feliz.

Hasta muy pronto

Cuando escribo estas líneas, en el mes de diciembre de 2020, año que golpeó muy fuerte, física y emocionalmente a la humanidad, mi hija la más pequeña me anunció que pronto se casará.

La noticia me cimbró, sentí una ternura enorme al contemplar a mi pequeña decidida a hacer su vida con su novio, un joven que, como ella, en medio de la pandemia, se ilusiona y quieren emprender su propio vuelo, un camino de esperanza y aprendizaje. Porque, aunque los tiempos actuales son muy complicados y miles de personas han muerto por este mal invisible, también hay corazones que se atreven a soñar, a desear, a construir.

Lo he dicho en estas páginas y lo diré siempre: de todo se aprende, en la más profunda de las adversidades puede existir un poco de luz, la ilusión en el ser humano nos acompaña hasta en los contextos más difíciles. La humanidad ha enfrentado guerras, migraciones, hambrunas, pestes, pandemias... y avanza, se mueve; el ser humano busca un espacio para fundar un nuevo hogar, una familia; busca un lugar para ejercer diversos oficios y sobrevivir, aprende de sus errores, a veces, o los repite y tropieza, se lamenta y lastima.

Mi propósito con este libro fue compartir algunas reflexiones que tal vez puedan ayudarte, querida lectora, querido lector, para aprender de nuestras equivocaciones, mirar el pasado como una experiencia, un ciclo de aprendizaje para ser mejores seres humanos, para entender a nuestros hijos, a nuestra pareja, para ayudar quien lo necesita sin esperar recompensa. Sí, incluso para trabajar con nuestro ego, nuestro deseo de imponer nuestra voluntad a veces sin razón.

Me gustaría que al terminar estas páginas encontraras en el libro una aliada, una amiga, una persona que, como tú, se ha ilusionado, ha cometido muchos errores, ha vivido con pasión y miedo, con riesgo y descuido, ha caído numerosas veces y se ha levantado para amar y compartir.

Tengo muy claro que nadie es perfecto, y soy la última persona en el mundo en querer serlo, lo que yo pretendo es compartir mi experiencia, decirte que tal vez no fui la mejor madre, la mejor compañera para mi esposo y mis hijos, que tomé muy malas decisiones, incluso lastimé a algunas personas, pero quiero reconstruirme, quiero trabajar con mis errores, recuperar el tiempo porque, aunque muchos digan que el tiempo perdido no permite recuperar lo que dejamos ir, estoy convencida de que al asimilarlo, al entender lo que dejamos escapar, nos preparará para vivir con felicidad nuestro presente.

No reviviré a ningún ser querido que dejé en el camino, quizá no tendré las mismas amistades que el tiempo disolvió, pero sí aumentaré el amor a mis hijos, me amaré aún más, amaré a mi prójimo y antes de juzgar trataré de entender, aprenderé que no soy quién para hablar de lo malo que hizo tal o cual persona, no seré la persona que pretenda que sigan su ejemplo, no.

Me esforzaré por recuperarme, por recuperar la confianza de mis hijos, por amarlos como son, ayudarlos como madre y ser humano, me ayudaré para controlar mi coraje o mi necedad, le pediré a Dios paciencia y entendimiento y, sobre todo, tendré claro que esta nueva etapa de mi vida, que inicia con este libro, es sólo un renacimiento, un deseo de caminar con mis lectores y amigos, con quienes soñamos y buscamos alcanzar nuestros objetivos. La resiliencia permitirá mirarnos con honestidad, aceptarnos y aceptar a quienes nos rodean. La resiliencia nos permitirá alejarnos de relaciones nocivas, de personas tóxicas que no creen en el hecho de volver a empezar.

Gracias, querido lector, querida lectora por estar cerca de mí en estas páginas, por leer algunas de mis experiencias, quizá te identificaste con algún relato, tal vez conozcas a una persona parecida a mí o con sucesos semejantes a los que viví, si es el caso, debo decirte que no sabía hace años, meses o días que vendría a mi vida una transformación total para bien mío.

Gracias de corazón porque al leerme, me diste tu confianza. Sé que en la vida todo empieza y concluye, que hay pausas y maestros, en este momento de mi vida yo busco a los míos, participo activamente en cursos y talleres, busco libros sobre temas diversos como lenguaje no verbal, actitud positiva, resiliencia, perdón, sanación emocional, salud mental y COVID-19, quiero prepararme en temas de mi interés, quiero aprender, quiero saber y compartir lo que encuentro en el camino, nunca es tarde para empezar y la felicidad debe ser una búsqueda permanente.

Ahora, te confieso, intento ir por un nuevo camino, quiero alcanzar otros objetivos, miro la ventana de mi casa y el cielo es de un azul claro y limpio, cruza un ave y se pierde en la distancia, siento calma en mi corazón, quisiera abrazar con cariño a quienes están conmigo en mi vida y a los que se fueron, ahora no siento ese dolor producido por la angustia, los errores, el coraje, las dudas ante aquellos días de caos y amargura, de aprendizaje y esperanza; busco con más serenidad y aprendo de los tropiezos, no seré la mejor ni la peor, sólo un ser humano que anhela ser más fuerte, más feliz, para vivir, compartir y dejar vivir, para volar, volar, ¡volar siempre libre!

MIREYA BASTIDA
diciembre de pandemia,
de resiliencia e ilusión, 2020

www.ingramcontent.com/pod-product-compliance
Lightning Source LLC
Chambersburg PA
CBHW070604220526
45467CB00003B/1287